essentials

essentials liefern aktuelles Wissen in konzentrierter Form. Die Essenz dessen, worauf es als „State-of-the-Art" in der gegenwärtigen Fachdiskussion oder in der Praxis ankommt. *essentials* informieren schnell, unkompliziert und verständlich

* als Einführung in ein aktuelles Thema aus Ihrem Fachgebiet
* als Einstieg in ein für Sie noch unbekanntes Themenfeld
* als Einblick, um zum Thema mitreden zu können

Die Bücher in elektronischer und gedruckter Form bringen das Expertenwissen von Springer-Fachautoren kompakt zur Darstellung. Sie sind besonders für die Nutzung als eBook auf Tablet-PCs, eBook-Readern und Smartphones geeignet. *essentials:* Wissensbausteine aus den Wirtschafts-, Sozial- und Geisteswissenschaften, aus Technik und Naturwissenschaften sowie aus Medizin, Psychologie und Gesundheitsberufen. Von renommierten Autoren aller Springer-Verlagsmarken.

Weitere Bände in der Reihe http://www.springer.com/series/13088

Ronald Deckert

Digitalisierung und Industrie 4.0

Technologischer Wandel und individuelle Weiterentwicklung

Ronald Deckert
Fachbereich Technik
HFH · Hamburger Fern-Hochschule
Hamburg, Deutschland

ISSN 2197-6708 ISSN 2197-6716 (electronic)
essentials
ISBN 978-3-658-23846-9 ISBN 978-3-658-23847-6 (eBook)
https://doi.org/10.1007/978-3-658-23847-6

Die Deutsche Nationalbibliothek verzeichnet diese Publikation in der Deutschen Nationalbibliografie; detaillierte bibliografische Daten sind im Internet über http://dnb.d-nb.de abrufbar.

Springer Gabler
© Springer Fachmedien Wiesbaden GmbH, ein Teil von Springer Nature 2019

Springer Gabler ist ein Imprint der eingetragenen Gesellschaft Springer Fachmedien Wiesbaden GmbH und ist ein Teil von Springer Nature
Die Anschrift der Gesellschaft ist: Abraham-Lincoln-Str. 46, 65189 Wiesbaden, Germany

Was Sie in diesem *essential* finden können

- Komprimiertes Überblickswissen rund um Digitalisierung und Industrie 4.0
- Ausgewählte Zusammenhänge mit großen gesellschaftlichen Herausforderungen
- Technisch und weniger technisch geprägte Anforderungen an uns Menschen
- Überlegungen zu persönlicher Entwicklung und Entfaltung in der Gemeinschaft als Konsequenz
- Vielfältige Anknüpfungspunkte zu weiteren Offline- und Online-Literaturquellen

Vorwort

Ob in der Familie, im Beruf oder bei der Ausübung von Hobbies, ob beim Lernen oder bei der Arbeit, ob wir Informationen aufnehmen oder uns aktiv für etwas engagieren, die Entwicklungen und Auswirkungen rund um Digitalisierung und Industrie 4.0 haben breiten Einzug in unser Leben gehalten. Mobile Geräte wie Smartphones und der allgegenwärtige Zugang zu und Kontakt mit digitalen Welten und „intelligenten" Systemen – wie beispielsweise Suchmaschinen oder automatische Spracherkennung (z. B. Alexa oder Siri) – sind unsere alltäglichen Begleiter geworden. Heute und in Zukunft stellen sich umfassende Anforderungen an unser Wissen sowie an unsere Fertigkeiten und Fähigkeiten und zwar 1) zwecks eines erfolgreichen Einsatzes von Technik in unterschiedlichen Bereichen unseres Alltages und 2) zur Erkundung sowie wirksamen Weiterentwicklung dessen, was jeden von uns als Mensch und Individuum gegenüber künstlicher Intelligenz, Software und Robotern auszeichnet.

Kernidee des vorliegenden *essentials* ist es, Ihnen, liebe Leserinnen und Leser, einen Zugang zu den vielfältigen Entwicklungen rund um Digitalisierung und Industrie 4.0 in Gesellschaft, Bildung und Wirtschaft zu ermöglichen, und zwar fokussiert auf einige grundlegende Strukturen, Erkenntnisse und Prinzipien sowie Zusammenhänge mit weiteren gesellschaftlichen Handlungsfeldern. Jedes an Technik und Technologie sowie an Vernetzung, künstlicher Intelligenz, gesellschaftlichen Herausforderungen und Zukunft interessierte Mitglied unserer Gesellschaft sollte einiges spannende für sich entdecken können.

Die Konzentration auf Wesentliches in Form dieses *essentials* als komprimierter Wissensbaustein erfordert eine Wertung und Auswahl. Ich hoffe mit der getroffenen Auswahl einen Beitrag dazu leisten zu können, dass Sie als Leserin und als Leser einen gelungenen Einstieg erhalten und sich mit den für Sie spannenden Aspekten von hier aus weiterführend befassen. Wie die weiteren

Ausführungen zeigen, ist unser Weg in die Zukunft vor dem Hintergrund von Digitalisierung und Industrie 4.0 auch ein Weg der individuellen Weiterentwicklung. Die Befassung mit den nachfolgenden Inhalten kann am Ende ein Beitrag zu Ihrer individuellen Entfaltung sein.

Hiermit danke ich Euch allen in meinem Leben, die Ihr mir für meine persönliche Entfaltung in der Gemeinschaft Kraft gebt und stets für mich da seid, und dies in der Hoffnung heute und in Zukunft Euch ebenso treu an Eurer Seite zu stehen und Euch dabei ein wertvoller Unterstützer zu sein.

Prof. Dr. Ronald Deckert

Inhaltsverzeichnis

Über den Autor

Prof. Dr. Ronald Deckert
HFH · Hamburger Fern-Hochschule
Alter Teichweg 19
22081 Hamburg
https://www.hfh-fernstudium.de/
Ronald.Deckert@hamburger-fh.de
Prof. Dr. Ronald Deckert ist Dekan des Fachbereichs Technik an der HFH · Hamburger Fern-Hochschule. Er ist naturwissenschaftlich sowie wirtschafts- und sozialwissenschaftlich ausgebildet, nimmt verschiedene Funktionen in technisch und sozial geprägten Organisationen ein und ist als Gutachter und Sachverständiger – beispielweise für den Deutschen Wissenschaftsrat – tätig.

Einleitung 1

Bei Digitalisierung und Industrie 4.0 handelt es sich um **weitreichende Handlungsfelder mit Relevanz für Gesellschaft, Bildung** und **Wirtschaft** sowie **mit vielfältigen Auswirkungen in allen Lebensbereichen.** In der Gesellschaft hat ausgehend von technologischen Entwicklungen und deren Wirkungen in unserem Alltag eine breite Diskussion eingesetzt. Im Kern resultieren die Entwicklungen und Gedanken rund um Digitalisierung und Industrie 4.0 aus Forschungs- und Entwicklungsprozessen, die eng mit den **Natur- und Ingenieurwissenschaften** und speziell mit **Informations- und Kommunikationstechnik** sowie mit **Mess- und Automatisierungstechnik** verbunden sind. Zudem sind weitere Wissenschaftsdisziplinen erfasst, wie beispielsweise die **Managementwissenschaft,** die sich der **Digitalen Transformation** zuwendet (Nicolai und Schuster 2018; Kane et al. 2015), oder die **Kommunikationswissenschaft** (Katzenbach 2018). Der **digitale Wandel** bringt auch für die **Psychologie** „ganz neue Themenfelder mit sich […], sei es in den Bereichen User Experience, Maschinelles Lernen oder hinsichtlich der Prozessoptimierung in der Arbeitswelt (Industrie 4.0)" (Wissenschaftsrat 2018, S. 5). Verbunden insbesondere mit Hochschulausbildung im digitalen Zeitalter wird auch der Ausdruck „THE DIGITAL TURN" verwendet (Hochschulforum Digitalisierung 2016).

Der Ereignis-, Gedanken- und Handlungskomplex „Industrie 4.0" findet begrifflich Verankerung in **Digitalisierung, Vernetzung** und (künstlicher) **Intelligenz** (Lübbecke 2015), wobei dieser Dreiklang sich bereits bei Deckert und Günther (2018) für eine einführende Darstellung grundlegender Entwicklungen bewährt hat. Vor diesem Hintergrund finden diese drei Begriffs- und Bedeutungskategorien im vorliegenden *essential* für die Darstellung **komprimierten Wissens rund um Digitalisierung und Industrie 4.0** ebenfalls Verwendung.

R. Deckert, *Digitalisierung und Industrie 4.0,* essentials,
https://doi.org/10.1007/978-3-658-23847-6_1

1

Einführendes zu Digitalisierung und hiermit verbundene Möglichkeiten
Mit dem Begriff **Digitalisierung** ist ein vielfältiges Bedeutungsspektrum verbunden. Beginnen wir an dieser Stelle hiermit:

> *Teile unserer Lebenswelt mittels Bits und Bytes [...]* **digital** *zu erfassen* bedeutet,
> dass *kontinuierlich und stufenlos gedachte (analoge) Wertebereiche von Merkmalen unserer Lebenswelt auf diskrete (gestufte) Wertebereiche abgebildet werden*
> *[Hervorhebung ergänzt]* (Deckert und Langer 2018, S. 873).

Heute kommen typischerweise **binäre Datenformate** zum Einsatz. Zwischen den Begriffen „digital" und „binär" lässt sich eine interessante Verknüpfung herstellen und zwar anhand der zentralen Einheit für Information **binary digit** oder kurz **bit,** die nach C. E. Shannon (1948) von J. W. Tukey vorgeschlagen wurde. Aus der Sammlung, Speicherung und Verarbeitung von Daten in diesem Format sowie aus der Analyse und zielgerichteten Nutzung von Daten ergeben sich für den Fortschritt der Menschheit vielfältige Möglichkeiten. Dies soll hier einführend etwas genauer betrachtet werden und zwar vor allem mit Blick auf **die Verbindung von Digitalisierung und nachhaltiger Entwicklung,** die sich insbesondere seitens des Nachhaltigkeitsrates (2017) im Zusammenhang mit dem Begriff „Leben 4.0" sowie seitens des WBGU (2018) verbunden mit Schlüsselfragen betont findet.

Unsere Gegenwart ist durch Große gesellschaftliche Herausforderungen geprägt, wobei sich die „**Bewältigung Großer gesellschaftlicher Herausforderungen [...]** in den letzten Jahren zu einer weiteren **wissenschaftspolitischen Zielvorstellung** entwickelt, die den Gedanken, **Grundlagenforschung** als Fortschrittsmotor zu fördern sowie **Innovationsprozesse** zu unterstützen, ergänzt [Hervorhebungen ergänzt]" (Wissenschaftsrat 2015, S. 30). Folgendes ist festzustellen:

> *Große gesellschaftliche Herausforderungen können nicht durch lokale Veränderungen oder neue Technologien allein bewältigt werden. Zu ihrer Bewältigung sind immer weitreichende Veränderungen der Gesellschaft erforderlich. Für viele Menschen bedeutet dies, ihre Lebensweise zu ändern – auch, aber nicht nur durch Einsatz neuer Technologien* (Wissenschaftsrat 2015, S. 26).

Für die Bewältigung Großer gesellschaftlicher Herausforderungen sind somit **neue Technologien nicht** als **alleiniges Allheilmittel** anzusehen, wobei dies für den Klimawandel beispielsweise durch den fünften Sachstandsbericht des Weltklimarates Bestätigung findet (IPCC 2014). Festzuhalten ist:

- Ohne die verbunden mit Digitalisierung bestehenden **informations-techn(olog)ischen Möglichkeiten** (insbesondere Sammlung, Speicherung und Verarbeitung von Daten sowie hierauf aufbauende Analyse und Durchführung von Simulationen) wären **Erkenntnisse zu den Entwicklungen und Wirkungen** rund um große Herausforderungen für die Menschheit wie dem **Klimawandel** nicht – wie heute vorliegend – zu erlangen.
- Auch wenn große gesellschaftliche Herausforderungen nicht durch Technologie allein bewältigt werden können, steht zu erwarten, dass **Technologie** – insbesondere auch verbunden mit Informations- und Kommunikationstechnik – rund um **Wissen,** rund um **Kommunikation** und **Koordination** sowie rund um die **effiziente Gewinnung, Verteilung, Nutzung und Wiederverwertung von Ressourcen** auf dem Planeten Erde für die Menschheit bei der Bewältigung großer Herausforderungen sehr hilfreich sein kann.

Hierfür müssen **Mensch und Technik sinngebend zusammenwirken,** womit ein erster Aspekt einer „strategischen Mensch-Maschine-Partnerschaft" (Deckert und Günther 2018, o. S.) angesprochen ist, die bei Davenport (2016, S. 23) mit „strategic human-machine partnerships" bezeichnet und unter diesem Terminus charakterisiert wird. Als Einstieg soll hier der mit Abb. 1.1 auszughaft verdeutlichte und nachfolgend erläuterte Zusammenhang dienen.

Große gesellschaftliche Herausforderungen können für uns Menschen ein **Lernfeld** bieten, das uns bei der Vorbereitung auf eine Zukunft, die durch weiter intensivierten Einsatz von Software, Robotern, Vernetzung und künstlicher Intelligenz gekennzeichnet ist, unterstützt. Mittels der **Befassung mit Problemen in der realen Welt** können wir unseren Antrieb und unsere Möglichkeiten sowie unsere persönlichen Stärken und Schwächen erkunden und uns so auch auf eine stärker technologisch geprägte Lebenswelt vorbereiten und zwar indem wir uns insbesondere auf das konzentrieren, was wir besser können als künstliche Intelligenz (Aoun 2017). Hier kann **Bildung** ansetzen, die dem Menschen 1) die erfolgreiche Nutzung von Technologie ermöglicht und 2) ihn an die Entdeckung seiner eigenen Stärken, Schwächen, Motivation und Möglichkeiten heranführt. Dies können Menschen mit Blick auf die Erreichung eines erfüllten Lebens nutzen und zugleich verbunden mit der Gestaltung von Mensch-Maschine-Interaktionen (beispielsweise Nutzung von Software und künstlicher Intelligenz sowie Einsatz von Robotern) zielgerichtet anwenden. Die Befassung mit Problemen der realen Welt kann nach Aoun (2017) dazu beitragen, das wir Menschen uns für das Zeitalter eines vermehrten Einsatzes künstlicher Intelligenz wappnen, insoweit künstliche Intelligenz typischerweise eher gut mit – im Vergleich zu Problemen der realen Welt – einfacher

Abb. 1.1 Digitalisierung und Große gesellschaftliche Herausforderungen. (Quelle: https://www.instagram.com/p/Be0v1QileZR/)

strukturierten Problemen umgehen kann. Ein eingängiges Akronym, das zur Charakterisierung von (Problemen in) realer Welt herangezogen werden kann, findet aktuell beispielsweise bei Scharmer (2018a, o. S.) Verwendung: **VUCA** für volatility, uncertainty, complexity und ambiguity. Probleme der realen Welt können durch vielfältige unterschiedliche Aspekte gekennzeichnet sein wie beispielsweise techn(olog)ische, soziale, kulturelle, ökologische, wirtschaftliche, rechtliche oder ethische. Gleichwohl der Einsatz künstlicher Intelligenz bislang also auf vergleichsweise „einfachere" Probleme beschränkt ist, leistet diese heute schon Beachtliches wie bereits dieses eine Beispiel zeigt: Zu Beginn des Jahres 2017 – und damit 20 Jahre nachdem Software im Schach gegen Garri Kasparow gewonnen hat – gewinnt die von Tuomas Sandholm und Noam Brown an der Carnegie Mellon University entwickelte Software *Libratus* einen als 20-tägigen Wettbewerb konzipierten **Poker**-Marathon gegen vier der weltbesten menschlichen Pokerspieler. Hiermit hat diese Software in diesem Kontext einen beachtlichen Grad an 1) strategischer Entscheidungsfähigkeit bei unvollkommener Informationslage und 2) die Fähigkeit zu bluffen an den Tag gelegt (Spice 2017). Im Trailer zu Beginn von Kap. 2 wird dieses Ereignis wieder aufgegriffen.

Vor diesem Hintergrund sollten wir uns über etwas Gedanken machen, das Davenport (2016, S. 23) mit „strategic human-machine partnerships" – bei Deckert und Günther (2018): **strategische Mensch-Maschine-Partnerschaft** – betitelt, bei der der Mensch kognitive Technologie nutzt und im Rahmen derer die Fähigkeiten des Menschen zu **Sinngebung** und zum **Denken vom Großen und Ganzen her** Davenport (2016) – „oder bildlich gesprochen: zum Denken aus einer *Adlerperspektive* heraus [Hervorhebung ergänzt]" (Deckert und Günther 2018, o. S.) – einmal mehr wertvoll werden können. Im Rahmen einer strategischen Mensch-Maschine-Partnerschaft erscheint vor dem Hintergrund möglicher Nebenwirkungen (vgl. Ausführungen unten) eine wohldefinierte Form der Kontrolle sinnvoll. Zudem findet sich bei Broussard (2018):

> We need to **audit algorithms, watch out for inequality,** and **reduce bias in computational systems, as well as in the tech industry.** [Hervorhebungen ergänzt] (Broussard 2018, S. 194)

Weitere Felder mit Relevanz im Rahmen einer strategischen Mensch-Maschine-Partnerschaft wie Teilhabe oder Interaktion seien hier nur benannt, können aber im vorliegenden *essential* nicht behandelt werden. Mit **Teilhabe** soll zum Ausdruck kommen, dass Menschen in einer strategischen Mensch-Maschine-Partnerschaft idealerweise entsprechend Ihrer individuellen Stärken auf zugleich für sie selber und für die Gesellschaft wertvolle Weise am Arbeitsleben teilhaben können; beispielsweise Menschen mit Behinderung, die technisch unterstützt werden, wofür die Arbeit von Klostermann (2017) für eine Werkstatt für Menschen mit Behinderung ein Beispiel ist.

Nebenwirkungen

Da jedes Handeln mit vielfältigen Wirkungen – und insbesondere mit unerwünschten Folgewirkungen – verbunden sein kann, empfiehlt es sich, stets auf der Hut vor möglichen Nebenwirkungen zu sein (Luhmann 1968). **Nebenwirkungen** können entstehen, wenn man Technik einsetzt – und dies gegebenenfalls mit einer gewissen Technikfaszination –, ohne zu berücksichtigen, ob die Erschließung und der Einsatz dieser oder jener Technik beispielsweise mit Blick auf eine nachhaltige Nutzung der Ressourcen dieser Erde oder die Wahrung persönlicher Rechte gut oder weniger gut ist. Gerade auch die Entwicklungen rund um Digitalisierung bieten das Potenzial unerwünschter Nebenwirkungen beispielsweise basierend auf der Herstellung und Nutzung von **Transparenz** über persönliche Informationen, die dem einzelnen in der einen oder anderen Art und Weise gegebenenfalls nicht recht ist. Für Unternehmen, die Transparenz über persönliche Daten erlangen, entsteht ein nicht geringes **Machtpotenzial** mit entsprechender Notwendigkeit eines **verantwortungsvollen Umgangs mit Information und Technologie.** Oder, wie sich bei Winston (2016, S. 19) findet: „The power and responsibility that companies have to help build a thriving, resilient world has never been greater".

▶   **Tipp** Über Vorteile sowie Kritik und Nachteile verbunden mit Industrie 4.0 lässt sich auch bei Bendel (2018) online im Gabler Wirtschaftslexikon zum Stichwort „Industrie 4.0" nachlesen.

Überleitung zu den nachfolgenden Kapiteln
Vor diesem Hintergrund können die Ausführungen in den nachfolgenden Abschnitten in die hier präsentierten ersten größeren Zusammenhänge sowie Hinweise zu Möglichkeiten und Nebenwirkungen eingeordnet werden.

Hintergrundinformation: Sicherheit – Cyber Security
Der Themenbereich **Sicherheit – Cyber Security** wird im vorliegenden *essential* nicht behandelt. Hierzu kann beispielsweise bei Gabsch (2018) bezüglich ausgewählter Grundlagen nachgelesen werden (vgl. Literaturverzeichnis).

Ausgewählte Grundlagen rund um Industrie 4.0

2

▶ **Trailer**
Als am 10.2.2017 im Studienzentrum Stuttgart der HFH · Hamburger Fern-Hochschule die Ereignisse rund um den Sieg der Software Libratus gegen menschliche Pokerspieler (vgl. Kap. 1) reflektiert werden, spricht Frau A. Sichlidou den Ausdruck **„binäres Pokerface"** aus (Deckert und Günther 2018, o. S.), der dieses Ereignis wie ich meine eingängig adressiert. Eine wichtige und spannende Frage bleibt: Wer trickst am Ende wen aus, der Mensch die Software oder Software uns Menschen?

Der Dreiklang **Digitalisierung, Vernetzung** und **künstliche Intelligenz** kann – anknüpfend an die Ausführungen in Kap. 1 – für die Beschreibung und Analyse von Ereignissen und Zusammenhängen rund um Industrie 4.0 hilfreich sein. Hier in Kap. 2 werden Digitalisierung, Vernetzung und künstliche Intelligenz jeweils unter ausgewählten Perspektiven charakterisiert. Gerade auch insoweit Nutzung von Informationstechnik (IT) – verbunden mit dem Einsatz von Elektronik und einer Automatisierung von Produktionsprozessen – bereits Kennzeichen der **dritten industriellen Revolution** ist (Kagermann et al. 2011), gebühren auf dem Weg in Richtung der **vierten Industriellen Revolution** (Industrie 4.0) neben diesbezüglichen Weiterentwicklungen vor allem auch Vernetzung und künstlicher Intelligenz einmal mehr besondere Aufmerksamkeit und insoweit werden die Ausführungen in Abschn. 2.1 kurz gehalten (vgl. Abb. 2.1). Die nachfolgenden Inhalte im Kap. 2 finden in Abschn. 2.2.2 und vor allem auch in Abschn. 2.2.3 explizite Bezüge zu Industrie 4.0.

© Springer Fachmedien Wiesbaden GmbH, ein Teil von Springer Nature 2019
R. Deckert, *Digitalisierung und Industrie 4.0*, essentials,
https://doi.org/10.1007/978-3-658-23847-6_2

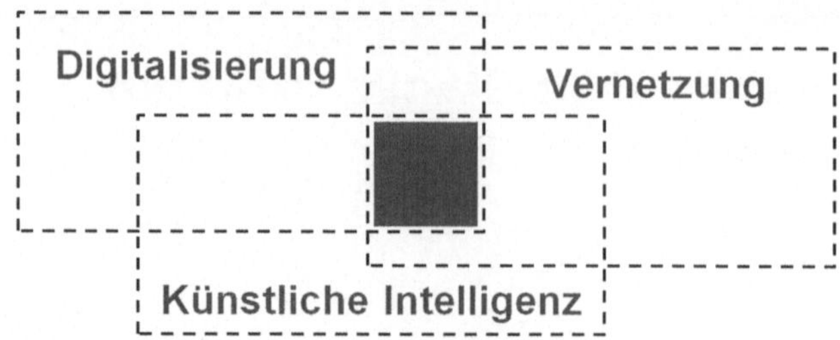

Abb. 2.1 Digitalisierung, Vernetzung, Künstliche Intelligenz

2.1 Digitalisierung

Die folgenden ausgewählten Eckpunkte aus einer technischen Perspektive ergänzen die in Kap. 1 gegebenen einführenden Gedanken zu Digitalisierung.

Digitalisierung
- Der erste funktionsfähige **Digitalrechner Z3** stammt von Konrad Zuse und wird am 12. Mai **1941** in Berlin vorgestellt (Zuse 2018).
- Die **zentrale Einheit für Information „binary digits" – oder kurz „bits"** – findet **1948** Erwähnung und geht nach Shannon (1948) auf J. W. Tukey zurück.
- Das nach dem Intel-Mitbegründer Gordon Moore benannte Moore'sche Gesetz wird unter https://www.intel.com/content/www/us/en/history/museum-gordon-moore-law.html (abgerufen am 30.07.2018) auf der Internetseite von Intel wie folgt angegeben: „**The number of transistors incorporated in a chip will approximately double every 24 months** [Hervorhebung ergänzt]".
- Die **Rechenleistung** gemessen in FLOPS (Floating Point Operations Per Second) wird von Zuses Z3 im Jahre **1941** zum Rechner Tianhe-2 im Jahre **2014** um den **Faktoren von ungefähr 10^{17} oder ungefähr 2^{57}** gesteigert (Ludwig 2015).
- Verbunden mit der Entwicklung zur Digitalisierung entstehen in jüngerer Zeit Anwendungsfelder beispielsweise rund um **Big Data-Analyse, Virtual Reality (VR)** oder **Augmented Reality (AR)**.

Hiermit sind einige ausgewählte grundlegende Informationen zur mit Digitalisierung verbundenen Entwicklung gegeben, die heute in einer breit angelegten gesellschaftlichen Diskussion über Auswirkungen und Möglichkeiten sowie Grenzen und Nebenwirkungen mündet. Hierbei geht es beispielsweise um Dienstleistungen, über die insbesondere seitens der Deutschen Akademie der Technikwissenschaften unter dem Stichwort **Smart Service Welt** nachgedacht wird (acatech 2015, 2018) um Geschäftsmodelle/-praktiken vor allem auch großer Technologie-Anbieter, um Datenschutz sowie um viele weitere Entwicklungen, die auf vielfältige Weise mit den Ausführungen in den nachfolgenden Abschnitten verbunden sind.

Hintergrundinformation: Gordon Moore – Thoughts on the 50th Anniversary of Moore's Law
Hier https://www.youtube.com/watch?v=ylgk3HEyZ_g (abgerufen am 30.07.2018) findet sich ein Video mit Gordon Moore und weiteren Informationen zu Moore's law.

2.2 Vernetzung

Für die Vernetzung von **Dingen als unbelebte Materie** und für die Vernetzung von **Menschen als belebte Materie** stehen verbunden mit dem **Internet** grundlegende Voraussetzungen zur Verfügung und es wird nachfolgend zunächst 1) auf das Internet und dann 2) auf die Vernetzung von Menschen sowie 3) auf die Vernetzung von Dingen eingegangen. Die Unterscheidung der Vernetzung von Menschen und der Vernetzung von Dingen, die sich terminologisch verbunden mit den Begriffen der unbelebten und der belebten Materie bereits bei Deckert (2017, S. 15) (2016) findet, hat sich bei Deckert und Günther (2018) in ähnlicher Form als zweckmäßig erwiesen, um die Phänomenologie rund um Digitalisierung und Industrie 4.0 – umfassender als auf einen materiell-industriellen Kontext eingeschränkt – einzuordnen. Die hiermit verbundene weite Sichtweise wird einmal mehr auch im nachfolgenden Kap. 3 deutlich werden, worauf das Kap. 2 vorbereitet.

2.2.1 Internet

Das Internet betreffend wird hier mit folgenden ausgewählten Eckpunkten begonnen.

Internet

- Ein **Screenshot des World Wide Web Browsers von Tim Berners-Lee aus dem Forschungszentrum CERN** um das Jahr 1991 herum findet sich hier http://info.cern.ch/NextBrowser.html (abgerufen am 05.07.2018) und dieser Screenshot hier http://info.cern.ch/NextBrowser1.html (abgerufen am 05.07.2018) entsteht etwas später.
- Für die Architektur von Kommunikationssystemen hat neben Flexibilität eine hohe Bedeutung, **sich auf das Notwendige zu beschränken** (Balakrishnan 2012a). Balakrishnan (2012a) zitiert in diesem Zusammenhang Antoine de Saint-Exupéry in englischer Übersetzung: „Perfection is achieved, not when there is nothing more to add, but when there is nothing left to take away". Anders ausgedrückt: „Less is more" oder „When in doubt, leave it out" (Balakrishnan 2012a).
- Auf Basis des Internets entsteht eine Vielzahl an neuen Geschäftsmodellen verbunden beispielsweise mit **Suchmaschinen, E-Commerce, Web 2.0** oder **Cloud Computing.** Die Entwicklungen reichen insbesondere bis hin zu den Möglichkeiten, wesentliche Teile der IT-Infrastruktur auch großer Unternehmen auszulagern und eine Konzentration von IT-Rechenzentren vorzunehmen.
- Unter https://news.un.org/en/story/2016/09/539112-nearly-47-cent-global-population-now-online-un-report (abgerufen am 21.07.2018) findet sich seitens der UN konstatiert: „Nearly 47 per cent of global population now online", zu Deutsch: **nahezu 47 % der Erdbevölkerung nun online.**
- Hinsichtlich **mobiler Zugriffsmöglichkeiten** ist festzustellen, dass die Anzahl an „Wireless mobile broadband subscriptions" (mit beworbener Datenübertragungsrate von 256.000 Bit pro Sekunde oder mehr) pro 100 Einwohner im Jahre 2017 im OECD-Durchschnitt erstmalig über 100 liegt (OECD 2018).
- Das Internet und dessen Nutzung erfordern heute einen **nicht unerheblichen Einsatz von Ressourcen und Energie** (Lange und Santarius 2018).

Weitere Informationen zum Internet können bei herausgehobenem Interesse beispielsweise unter den nachfolgenden Links hin zur MIT OpenCourseWare erhalten werden.

Hintergrundinformation: Geschichte des Internets
Bei ganz besonderem Interesse an der Historie des Internets kann man sich diese anhand folgender Links hin zur **MIT OpenCourseWare** mittels der Videos zweier Lectures von Balakrishnan (2012a, b) beginnen zu erschließen.

- A Brief History of the Internet: https://ocw.mit.edu/courses/electrical-enginee-ring-and-computer-science/6-02-introduction-to-eecs-ii-digital-communication-sys-tems-fall-2012/lecture-videos/lecture-23-a-brief-history-of-the-internet/ (abgerufen am 21.07.2018)
- A Brief History of the Internet cont'd, Course Summary: https://ocw.mit.edu/courses/electrical-engineering-and-computer-science/6-02-introduction-to-eecs-ii-digi-tal-communication-systems-fall-2012/lecture-videos/lecture-24-history-of-the-inter-net-contd-course-summary/ (abgerufen am 21.07.2018)

Hier wird insbesondere auf zentrale und dezentrale Kommunikationsnetzwerke, analoge und digitale Technologie, Verlässlichkeit von Kommunikationsnetzwerken, ARPANET, TCP/IP und das Domain Name System (DNS) bis hin zum World Wide Web eingegangen.

2.2.2 Vernetzung der belebten Materie

Mittels Internet wurden zunächst Computer sowie die Bedienerinnen und Bediener dieser Computer miteinander vernetzt. Daher waren von Beginn an die Vernetzung von Dingen und die Vernetzung von Menschen eng miteinander ver-knüpft. Beginnen wir hier nun mit ausgewählten Eckpunkten zur Vernetzung von Menschen.

Vernetzung der belebten Materie
- Mit **Small World Problem** werden Erkenntnisse dazu betitelt, dass zwei Menschen auf dem Planeten Erde typischerweise über einige wenige weitere Menschen miteinander bekannt sind. Dies gilt nach Tra-vers und Milgram (1969) für eine Stichprobe in den USA bereits vor dem Internetzeitalter und mit Dodds et al. (2003) zudem auch **internet-basiert** und in einem – dort gewählten – **internationalen Umfeld.**
- **Metcalfe's Law** besagt, dass der Nutzen eines Netzwerkes quadratisch mit der Anzahl an Nutzern steigt (Hellige 2003).
- Die Nutzung von **Social Media-Plattformen** wie Facebook, Twit-ter, Instagram oder Wordpress gehört heute im privaten Umfeld, in Unternehmen sowie in Wissenschaft, Bildung und Politik zum Alltag von Menschen.

> - Der D21 Digital Index 2017/2018 weist für Deutschland **Steigerungen der Internetnutzung** auf 81 % **und der mobilen Internetnutzung** auf 64 % aus (Initiative D21 2018). Es werden 81 % als „Onliner" und 19 % als „Offliner" bezeichnet, wobei 94 % der Offliner 50 Jahre oder älter sind (Initiative D21 2018, S. 12).

Soziale digitale Technologie wird nach Kane et al. (2015) durch sich digital entwickelnde Unternehmen integral betrachtet: „[…] maturing digital businesses are focused on integrating digital technologies, such as **social, mobile, analytics** and **cloud,** in the service of transforming how their businesses work [Hervorhebungen ergänzt]" (Kane et al. 2015, S. 3). Zwar ist Industrie 4.0 vor allem auch mit dem Internet der Dinge – also mit der Vernetzung unbelebter Materie – assoziiert, allerdings wird auch im nachfolgenden Abschn. 2.2.3 deutlich, dass im Kontext von Industrie 4.0 eine Vernetzung von Menschen (Vernetzung belebter Materie) mitgedacht wird.

Hintergrundinformation: Ein „Erklärungsbündel" für die Entwicklungsdynamik der Informations- und Kommunikationstechnik
„Das Metcalfe′s Law, das Gilder′s Law und das Cooper′s Law. Alle drei werden immer mehr zusammen mit dem Moore's Law als ein zusammenhängendes Erklärungsbündel für die Entwicklungsdynamik der gesamten Informations- und Kommunikationstechnik angesehen" (Hellige 2003, S. 7). Moore's Law wurde bereits in Abschn. 2.1 angesprochen. Auf Gilder′s Law und Cooper′s Law wird hier nicht eingegangen.

2.2.3 Vernetzung der unbelebten Materie

Bereits heute besteht eine vielfältige Vernetzung vor allem auch von großen Dingen wie Automobile (z. B. online buchbare Taxidienste oder Fahrzeuge im Car Sharing, zu autonomen Fahrzeugen vgl. https://www.deutschebahn.com/de/presse/ pressestart_zentrales_uebersicht/d20171025-1201564, abgerufen am 30.07.2018), Fahrräder im Bike Sharing, Geräte in der Fernwartung, Computer oder Mobiltelefone. Ein sogenanntes **Internet der Dinge (Internet of Things = IoT)** ist ein **Kernelement von Industrie 4.0.** Industrie 4.0 folgt drei vorausgegangenen industriellen Entwicklungen, die grob durch Mechanisierung, Elektrifizierung und „(erste) Automatisierung", wie Deckert und Günther (2018, o. S.) es ausdrücken, zu charakterisieren sind. Zu den ersten drei industriellen Revolutionen kann beispielsweise bei Kagermann, Lukas und Wahlster (2011) unter https://www.

vdi-nachrichten.com/Technik-Gesellschaft/Industrie-40-Mit-Internet-Dinge-Weg-4-industriellen-Revolution (abgerufen am 30.07.2018) nachgelesen werden. Für die folgende Zusammenstellung an Begriffs- und Bedeutungskategorien, die mit Industrie 4.0 in Verbindung stehen, greifen Deckert und Günther (2018) auf die Forschungsunion Wirtschaft und Wissenschaft (2013) und auf Kagermann et al. (2013) zurück:

- **Internet der Dinge** (IoT = Internet of Things), **Daten** und **Dienste** (IoS = Internet of Services),
- **cyber-physische Systeme (CPS), cyber-physische Produktionssysteme (CPPS), vertikale und horizontale Vernetzung von Unternehmen** sowie
- **Smart Factories, Smart Devices** und **Smart Products.**

Nach der Forschungsunion Wirtschaft und Wissenschaft (2013, S. 10 und S. 54 ff.) sind die technologischen Grundlagen rund um **kleine (hochleistungsfähige) Computer** sowie das **Internet** zu finden und Bauer et al. (2014) geben folgende fünf Technologiefelder an: **Embedded Systems CPS, Smart Factory, Robuste Netze, Cloud Computing** und **IT-Security.** Eine solche Charakterisierung insgesamt ist wertvoll auch und gerade deshalb, da es sich nach Bendel (2018, o. S.) bei Industrie 4.0 um einen „Marketingbegriff" handelt, der sich „– wie „Web 2.0" und „Web 3.0" – ein Stück weit einer wissenschaftlichen Präzisierung" entzieht. Folgendes Zitat aus *Zukunftsbild „Industrie 4.0"* des Bundesministeriums für Bildung und Forschung (2013) erscheint hilfreich, um sich den mit Blick auf **cyber-physische Systeme (CPS)** konvergierend gedachten Technologieinnovationen rund um „eingebettete Systeme" und „globale Datennetze" gedanklich zu nähern:

> **Cyber-physische Systeme** beruhen auf zwei zusammenlaufenden Technologieentwicklungen: Auf der einen Seite ist dies die Basistechnologie der eingebetteten Systeme – hochleistungsfähige „Kleinstcomputer", die in alle möglichen Materialien und Gegenstände integriert werden. Ausgestattet mit Sensoren und Aktuatoren können sie eine Vielzahl an Daten aus der natürlichen Umwelt erfassen, verarbeiten und auf dieser Basis ihre Umgebung zugleich beeinflussen. Auf der anderen Seite sind dies globale Datennetze, in denen Daten in großen Volumina und stetig steigender Geschwindigkeit verarbeitet werden. [Hervorhebung ergänzt] (Bundesministeriums für Bildung und Forschung 2013, S. 10)

Im Zuge der Etablierung von Cyber-physischen Systemen (CPS) und Cyber-physischen Produktionssystemen (CPPS) kann sich die sogenannte „klassische Automatisierungspyramide" mittels „Ersatz durch vernetzte, dezentral organisierte bzw. teilweise selbstorganisierende Dienste" bezüglich ihrer klassischen Struktur in

Zukunft sukzessive auflösen (VDI/VDE-Gesellschaft Mess- und Automatisierungstechnik [GMA] 2013, S. 4), wobei nach Meudt, Pohl und Metternich (2017) das „wie und ob" abzuwarten bleibt.

Hintergrundinformation: Automatisierungspyramide und mehr

Ein lohnenswerter Überblick rund um die (klassische) Automatisierungspyramide inklusive Ausführungen zur DIN EN 62264 findet sich bei Meudt et al. (2017) unter: http://tuprints. ulb.tu-darmstadt.de/6298/1/2017%20-%20Die%20Automatisierungspyramide%20-%20 Ein%20Literatur%C3%BCberblick-2.pdf (abgerufen am 30.07.2018). Zudem kann bei VDI/VDE-Gesellschaft Mess- und Automatisierungstechnik (GMA) (2013, S. 7 f.) zu den folgenden Thesen und Handlungsfeldern „für die erfolgreiche Einführung von Cyber-Physical Systems in der Produktion" aus Sicht der Automation nachgelesen werden:

„1. Automation ist Leitdisziplin für die Realisierung von CPS in der Produktion."
„2. Der Automationsgrad wird mit CPS weiter ansteigen."
„3. Security und Safety sind kritische Erfolgsfaktoren für die Realisierung von CPPS."
„4. Begriffsklärungen und Standardisierungen müssen jetzt erfolgen."
„5. Die Beherrschbarkeit von CPS erfordert neue methodische Ansätze für Planung, Entwicklung und Betrieb."
„6. Der Mensch muss bei der Einführung und beim Einsatz von CPS im Mittelpunkt stehen."
„7. Es werden neue Geschäftsmodelle durch CPS möglich."
„8. Der Umbruch der Produktion durch CPS erfordert Wissens- und Erfahrungstransfer sowie Beratung."
„9. In allen vorangestellten Handlungsfeldern ist Forschung erforderlich."

Internet der Dinge

Prozessoren sind heute bei weitem nicht mehr nur in Computern vom Großrechner bis hin zu mobilen Computern zu finden, sondern zu weit überwiegendem Teil zusätzlich in anderen Dingen integriert wie beispielsweise in Flugzeugen, Kraftfahrzeugen, Kühlschränken, Fernsehern, Radios, Telefonen, Kameras, Waschmaschinen, Ticketautomaten, DVD-Spielern, Uhren, Sport-/Fitnessarmbändern, Routern, WLAN-Verstärkern, medizinischen Geräten, Musikinstrumenten, Spielekonsolen, Messgeräten oder Robotern.

Internet der Dinge

- Der Ausdruck **„Internet of Things"** ist nach Kevin Ashton (2009) eng verbunden mit RFID-Technologie.
- Das erste Ding im Internet der Dinge könnte ein **Cola-Automat an der Carnegie Mellon University** in Pennsylvania aus dem Jahre **1982** gewesen sein, der Informationen über Füllstand und Kühlung bereitstellte (Carnegie Mellon University 2005).

Vernetzung, Internet der Dienste, Losgröße eins, Co-Creation
Wie mit der Zusammenstellung von Begriffs- und Bedeutungskategorien, die mit Industrie 4.0 in Verbindung stehen, im vorliegenden Abschnitt oben bereits deutlich wird, geht die verbunden mit Industrie 4.0 diskutierte **Vernetzung weit über die Vernetzung von materiellen Dingen hinaus.** Bei Nördinger (2015) findet Vernetzung in Zitaten von Industrievertretern zur Definition von Industrie 4.0 in mehrfacher Hinsicht Bezugspunkte:

- „[…] **Vernetzung von Menschen, Maschinen und Systemen auch mit Partnern und Lieferanten** [Hervorhebung ergänzt] […]“ (Schulemann 2015),
- „[…] Entwicklungen hin zur **vollständigen Digitalisierung und Vernetzung der Produktion** […]. Dies **vollzieht sich evolutionär entlang der kompletten Wertschöpfungskette, von Maschinen und Komponenten bis hin zu Fabriken und Lieferantennetzwerken** [Hervorhebungen ergänzt]. […]“ (Schäfer 2015) oder
- „[…] sichere und ergonomische Arbeitsbereiche durch **Vernetzung von Werkstück, Maschine, Arbeitsplatz und Werker** [Hervorhebung ergänzt] […]“ (Molka 2015).

Nach Bauer et al. (2014, S. 17) schließt sich an das „Internet der Dinge (Zeitalter Mobiler Geräte)“ das „**Internet of Everything (Menschen, Prozesse, Daten, Dinge)** [Hervorhebung ergänzt]“ an. Vernetzung kommt auch im **Internet der Dienste (Internet of Services = IoS)** zum Ausdruck. Der Arbeitskreis Smart Service Welt der Deutschen Akademie der Technikwissenschaften gibt Beispiele für Smart Services aus **Produktion, Logistik, Energie, Landwirtschaft** und **Gesundheit** (acatech 2015). Bei acatech (2018) findet sich:

> Als wesentliche **technologische Enabler** für das Angebot von Smart Services sind vor allem **(offene) digitale Plattformen, Techniken des Maschinellen Lernens und der Künstlichen Intelligenz (KI), Virtualisierungstechnologien (Digital Twins)** und **Cloud-Lösungen** zu nennen. Die Verfügbarkeit der erforderlichen **(Basis-)Infrastrukturen** (insb. Breitband- und 5G-Netze) ist dabei ebenso wichtig wie die Existenz geeigneter **Referenzarchitekturen.** [Hervorhebungen ergänzt] (acatech 2018, S. 3)

Auch folgende Einordnung von Industrie 4.0 ist lohnend, die den Bezug zum Konzept der **Losgröße eins** herstellt, das dafür steht, dass jedes der aus einer

Produktion stammenden Produkte anders als jedes andere ist (bzw. sein kann), da es auf Anforderungen von Kunden individuell zugeschnitten ist:

> Kennzeichen der **Industrie 4.0** sind die Fertigung **individualisierter Produkte** bis hin zur **Losgröße eins** unter den Bedingungen einer **hochflexibilisierten Produktion** sowie die Entwicklung von Verfahren zur **Selbstoptimierung, -konfiguration und -diagnose**. Gesteuert wird die Fabrik der Zukunft von **gut ausgebildeten Mitarbeitern**, die bei ihren komplexen Aufgaben durch auf den Maschinenarbeitsplatz zugeschnittene und individualisierte Informationen bei der Kommunikation und Interaktion mit den Maschinen unterstützt werden. [Hervorhebungen ergänzt] (acatech 2015, S. 14).

Bei acatech (2018) ist nachzulesen:

> Obwohl verstanden wird, dass in der **Individualisierung und Personalisierung von (Dienst-)Leistungen** an den Kunden eine große Chance liegt, hat die Entwicklung neuartiger Dienste häufig jedoch noch keine Priorität. Der Perspektivenwechsel, nach dem auch Kunden zu Produzenten werden (im Sinne eines Customer Value **Co-Creation-Ansatzes**), wird nur selten vollzogen. Immer noch bestimmen größtenteils die vergleichsweise langsamen Innovationszyklen der Produkte den Takt. [Hervorhebungen ergänzt] (acatech 2018, S. 25)

Zusammenfassend kann der Begriffs- und Bedeutungskategorie „Vernetzung" insgesamt ein großer Bezugs- und Bedeutungskontext zugeschrieben werden. Dies festzustellen ist insoweit wichtig, als dass ein zu enges Verständnis gegebenenfalls gerade die Perspektiven zu Vernetzung ausschließen kann, die in bestimmten Zusammenhängen besonders wichtig sind.

▶ **Tipp** Verbunden mit der Hannover Messe im Jahre 2018 wird der Begriff **„Administration Shell"** (zu Deutsch: **„Verwaltungsschale"**) diskutiert, für den sich die weitere Entwicklung zu verfolgen lohnen kann. Hierzu kann beispielsweise nachgelesen werden unter https://www.plattform-i40.de/I40/Redaktion/DE/Pressemitteilungen/2018/2018-04-24-erreicht-meilensteine-standardisierung.html und unter https://www.plattform-i40.de/I40/Redaktion/DE/Downloads/Publikation/hm-2018-verwaltungsschale-konkret.html;jsessionid=F50DA346E92D72362CF4CA5918601EFD (jeweils abgerufen am 30.07.2018).

2.3 Künstliche Intelligenz

Zunächst werden ausgewählte allgemeine Informationen zu künstlicher Intelligenz gegeben.

Künstliche Intelligenz

- Computer haben den Menschen in immer mehr seiner **Spiele** besiegt wie Backgammon/1979, Othello/1997, Schach/1997, Scrabble/2002, Bridge/2005 und Jeopardy!/2010 (Bostrom 2014). Zuletzt kamen Go im Jahre 2016 und Poker im Jahre 2017 hinzu.
- Künstliche Intelligenz ist in Teilen bezüglich **kognitiver Intelligenz** dem Menschen überlegen (schnelle Analyse vieler Daten und Handlungsoptionen wie beispielsweise bei den Spielen Schach oder Go, s. oben), jedoch zeigt der Mensch bezüglich **sensomotorischer Intelligenz** Überlegenheit in Sensorfusion und Feinmotorik (Wahlster 2017). Bezüglich **emotionaler** und **sozialer Intelligenz** „gibt es bei KI-Systemen noch große Schwächen und erst einfache Modelle für die Erkennung von Emotionen und sozialem Verhalten" (Wahlster 2017, o. S.).
- Insbesondere kann ein hohes Niveau an **Sinngebung** als Bereich gelten, in dem der Mensch der künstlichen Intelligenz aus heutiger Sicht voraus ist (Davenport 2016).
- Dengler und Matthes (2015, S. 8) verweisen wie folgt auf Frey und Osborne (2013), die mittels der Analyse von Expertenmeinungen Indikatoren identifizieren, „die in naher Zukunft nicht von (computergesteuerten) Maschinen ersetzt werden können: **Wahrnehmung und Feinmotorik** (z. B. koordiniertes Bewegen von einzelnen Fingern, um kleine Dinge zu fertigen), **kreative Intelligenz** (z. B. Kunst, kreative Problemlösungen) und **soziale Intelligenz** (z. B. verhandeln, überzeugen) [Hervorhebungen ergänzt]".
- Zu Ansätzen künstlicher Intelligenz können insbesondere **Neuronale Netze** und **Evolutionäre Algorithmen** gezählt werden. So wie in früheren Zeiten zur Ergründung des menschlichen Körpers menschliche Gehirne untersucht werden, werden heutzutage bereits künstliche Neuronale Netze zwecks Erkundung ihrer Funktionsweise „seziert" (englisch: Network Dissection).

> • Ob und inwieweit künstliche Intelligenz in der Zukunft menschliche Intelligenz übertreffen kann, wird verbunden mit Begriffen wie **Superintelligenz, Intelligenzexplosion** und **technologische Singularität** kontrovers diskutiert (Bostrom 2014). Bill Gates, Stephen Hawking und Steve Wozniak warnten bereits vor den Gefahren künstlicher Intelligenz (Ludwig 2015).

Bei Nördinger (2015) findet sich in Zitaten von Industrievertretern zur Definition von **Industrie 4.0** der Begriff **Intelligenz** in verschiedenen Zusammenhängen wie beispielsweise

- „Die **intelligente Vernetzung** von Menschen, Maschinen, Prozessen und Produkten sorgt für hybride Lösungen. [Hervorhebung ergänzt]" (Sträb 2015),
- „Industrie 4.0 bietet die Möglichkeit, **intelligente Produkte** zu vernetzen. [Hervorhebung ergänzt]" (Klaiber 2015),
- „[…] **intelligente Lösungen,** die erst in ihrem Gesamtbild den Begriff Industrie 4.0 greifbar machen. [Hervorhebung ergänzt]" (Schäfer 2015) oder
- „Unter Industrie 4.0 verstehen wir die Verschmelzung von Produktionsmitteln, Produktionsteilen, Produktionsplanung sowie der Auftragsabwicklung und des Menschen zu einem **intelligenten Netzwerk**. Dieses cyberphysische System besitzt die Fähigkeit, sich innerhalb definierter Grenzen selbst zu steuern und die richtigen Informationen zur richtigen Zeit am richtigen Ort den richtigen Personen zugänglich zu machen. [Hervorhebung ergänzt]" (Hohnhaus 2015),

Wir stehen vor der Herausforderung herauszufinden, wie menschliche und künstliche Intelligenz heute und in Zukunft effektiv und effizient zusammenwirken können. Insoweit man die Ausgestaltung von Mensch-Maschine-Interaktionen bewusst und vorausschauend vornehmen möchte, kann es sich lohnen, mit Davenport (2016) von einer **strategischen Mensch-Maschine-Partnerschaft** („strategic human-machine partnerships") auszugehen (vgl. hierzu Kap. 1). Insoweit Strategieprozesse im Spannungsfeld von *Absichtlichkeit* und *Entstehen lassen* verlaufen können (de Wit und Meyer 2014), wird angemerkt, dass auch eine strategische Mensch-Maschine-Partnerschaft – insbesondere ausgestaltet im Unternehmenskontext – kaum in allen Aspekten und bezüglich aller Auswirkungen detailliert planbar sein wird, sondern eine gewisse eigene Dynamik besitzen kann, die es stetig zu erkunden und – zum Vorteil von uns Menschen – zu nutzen gilt.

Hintergrundinformation: Computer besiegen den Menschen im Go und im Poker
Hier http://www.tagesspiegel.de/wissen/go-wettkampf-mensch-gegen-computer-1-3/13311
622.html kann für das Spiel **Go** und hier https://www.cmu.edu/news/stories/archives/2017/
january/AI-beats-poker-pros.html (jeweils abgerufen am 30.07.2018) für das Spiel **Poker**
nachgelesen werden.

Der Einsatz künstlicher Intelligenz geht mit bedeutsamen Fragen, die auf Nachteile verweisen, einher wie beispielsweise bezüglich unerwünschter Nebenwirkungen bedingt durch **1) versteckte Verzerrungen** („hidden biases") sowie **2)
statistisch geprägte Lösungen** („statistical truths rather than literal truths"), die
Einzelfälle nicht adäquat abdecken, wofür **3) Korrekturmechanismen schwer
zu etablieren** sind (Brynjolfsson und McAfee 2017, o. S.).

Gesellschaft 4.0 3

▶ **Trailer**
Mindestens eine Zeit lang finden verschiedene „[…] 4.0"-Begriffe Verwendung. Es kann auch von einer „Chiffre 4.0" oder von einem „Etikett 4.0" (Lange 2018, S. 320 f.) gesprochen werden. Manch eine/r mag sich dabei ertappt haben, sich selber zu fragen: Wie 4.0 bin ich eigentlich? Selbst für den Fall, dass sich das Auftreten dieser Vielfalt an „[…] 4.0"-Begriffen als eine Modeerscheinung erweist, sind hiermit zugleich insgesamt wichtige Gedanken verbunden, mit denen man sich befassen sollte.

Seit der erstmaligen Verwendung des Begriffs **„Industrie 4.0"** im Jahre 2011 (Kagermann et al. 2011) zeigt sich eine Vielfalt an Begriffen wie beispielsweise **akademischer Arbeitsmarkt 4.0** (Stifterverband für die Deutsche Wissenschaft 2016, S. 26), **Arbeiten 4.0** (BMAS 2016a, b), **Arbeitswelt 4.0** (Stifterverband für die Deutsche Wissenschaft 2016, S. 26), **Bildung 4.0** (BIBB 2016), **Berufsbildung 4.0** (BIBB 2016), **Curriculum 4.0** (Stifterverband für die Deutsche Wissenschaft 2016, o. S., Programm gemeinsam gefördert mit der Carl-Zeiss-Stiftung), **Hochschulbildung 4.0** (Stifterverband für die Deutsche Wissenschaft 2016, S. 32), **Leben 4.0** (Nachhaltigkeitsrat 2017), **Lernorte 4.0** (Lange 2018, S. 320), **Welt 4.0** im Titel einer Veranstaltung an der ETH Zürich (Adagazza 2016) oder **Wirtschaft 4.0** (Wolter et al. 2016, S. 9). Die Charakterisierungen zur Bedeutung dieser „[…] 4.0"-Begriffe erfolgen meiner Beobachtung nach vielfach unter Verwendung von Begriffen wie **Digitalisierung** und **digital,** durchaus auch durch Bezüge auf Aspekte der **Vernetzung** und eher weniger mittels Bezügen auf den Terminus der **(künstlichen) Intelligenz.** Dies ist insoweit beachtlich, als dass „wir darüber nachdenken und uns auch kritisch dazu austauschen

© Springer Fachmedien Wiesbaden GmbH, ein Teil von Springer Nature 2019
R. Deckert, *Digitalisierung und Industrie 4.0,* essentials,
https://doi.org/10.1007/978-3-658-23847-6_3

müssen, **welche Formen künstlicher Intelligenz unsere menschliche Intelligenz gut ergänzen können** sowie welche Formen künstlicher Intelligenz wir akzeptieren und welche nicht" (Deckert und Günther 2018, o. S.). Folgt man Rometty (2016, S. 21 f.), wird es um „Intelligence *augmentation*", also „IA", (zu Deutsch könnte dies ausgedrückt werden als eine gewisse Intelligenzverstärkung des Menschen durch künstliche Intelligenz) und nicht allein um „artificial intelligence (AI)" (zu Deutsch: Künstliche Intelligenz abgekürzt KI) gehen. Dies geht mit Veränderungen bezüglich der Art und Weise unserer Zusammenarbeit und wie wir Entscheidungen treffen sowie des Managements von Organisationen einher (Rometty 2016).

Die Verwendung von „Gesellschaft 4.0" als Überschrift mag man für gut und richtig halten oder nicht. Dieser Ausdruck soll hier plakativ als Hinweisgeber dahin gehend dienen, dass die heute zu antizipierende **große gesellschaftliche Reichweite** prognostizierter Veränderungen es als lohnend erscheinen lässt, die Ereignisse um uns herum sowie unser Erleben und unsere Meinung zu „4.0"-Gedanken auch zukünftig gut im Blick zu behalten. Hierzu gehört neben Industrie 4.0 (vgl. Kap. 2) vor allem auch Arbeiten 4.0, zu dem sich im nachfolgenden Kap. 4 eine Charakterisierung findet.

Arbeiten 4.0 und vernetzt Lernen

4

> ▶ **Trailer**
> Arbeiten und Lernen lassen sich stark verbunden denken. Denken Sie,
> dass dies Lernen effektiver macht? Wie lernen Sie, „lifelong" und auch
> „life-wide" (Campbell und Schwier 2014, S. 364)?

Der vorausliegende Wandel stellt sich **1) grundlegend und breit angelegt** dar und reicht nach den vorangegangenen Ausführungen weit über technische Aspekte und einen rein industriellen Kontext hinaus. Dies zeigt sich auch in folgendem Zitat:

Digitalisierung und Technisierung verändern [...] **auch grundlegend bislang technikferne, wissensintensive Berufsbilder**, wie zum Beispiel im **Journalismus**, in der **Jurisprudenz**, in der **Bildung** oder in der **Verwaltung**. [Hervorhebungen ergänzt] (Stifterverband für die Deutsche Wissenschaft 2016, S. 6).

Gerade auch die gesellschaftlichen und individuellen Handlungsfelder **2) Arbeiten und Lernen, die eng verwoben gedacht und gestaltet werden können** (vgl. Abb. 4.1), sind von diesem Wandel mit umfasst (Deckert und Langer 2018). Eine mehr oder weniger enge Verbindung von Arbeiten und Lernen hat in Deutschland nicht zuletzt mit der dualen Ausbildung Tradition und findet sich heute beispielsweise auch verbunden mit berufsbegleitenden und dualen (Fern-) Studienangeboten. In den vergangenen Jahrzehnten haben die Möglichkeiten, ein Studium berufsbegleitend zu absolvieren, zugenommen: Vielfältige Studienangebote öffentlicher und privater Hochschule ermöglichen ein flexibles Studium neben dem Beruf. Dabei bestehen heute mindestens fünf Formen für Flexibilität im Fernstudium: Zeit, Ort, Inhalt, Methode und Struktur (Deckert et al. 2018).

© Springer Fachmedien Wiesbaden GmbH, ein Teil von Springer Nature 2019
R. Deckert, *Digitalisierung und Industrie 4.0*, essentials,
https://doi.org/10.1007/978-3-658-23847-6_4

Abb. 4.1   Arbeiten und Lernen

Weiterhin kann es im Zeitalter von weitreichenden Entwicklungen rund um künstliche Intelligenz und Robotertechnologie für uns Menschen – wie in Kap. 1 bereits angeführt – wichtiger werden, **3) anhand von Problemen aus der realen Welt zu lernen** (Aoun 2017).

> We have seen that when learners put their knowledge into practice in **real-life situa-tions**, they develop a **better understanding of themselves**, their **strengths** and **weaknesses**, and their **drives** and **possibilities**. They also sharpen their cognitive capacities, leading to the **robot-proof qualities of creativity and mental flexibility** – both aspects of **far transfer**. By contrast, no computer has yet displayed **creativity**, **entrepreneurialism**, or **cultural agility**. [...], our potential to master far transfer is **our competitive advantage over intelligent machines**. [Hervorhebungen ergänzt] (Aoun 2017, S. 87).

Otto Scharmer (2015) vom Massachusetts Institute of Technology (MIT) formuliert als erstes von sieben Prinzipien verbunden mit dem Potenzial die Hochschulaus-bildung zu revolutionieren:

> **Move learning from the classroom (or computer) to the street.** (Scharmer 2015, o. S.)

Insoweit Arbeiten die Lösung (geeigneter) realer Probleme umfasst, ist über die zugehörigen Lösungsprozesse die Verknüpfung hin zu formalisiertem Lernen möglich; bezogen auf ein Hochschulstudium beispielsweise in Form von Projekt- oder Abschlussarbeiten zu praxisrelevanten Fragestellungen. Folgt man Siemens (2005) mit seinen Gedanken zum Konnektivismus (vgl. Abschn. 4.2) so können **4) (gewisse) Entscheidungsprozesse als Lernprozesse** gelten, womit Arbeiten und Lernen unmittelbar miteinander verwoben gedacht werden.

4.1   Arbeiten 4.0

Es bietet sich an, hier mit den folgenden Ausführungen seitens des Bundesministeriums für Arbeit und Soziales aus einem Glossar und dort zum Begriff
„Arbeiten 4.0" zu beginnen:

> Der Begriff **„Arbeiten 4.0" knüpft an die aktuelle Diskussion über die vierte
> industrielle Revolution (Industrie 4.0) an**, rückt aber die **Arbeitsformen** und
> **Arbeitsverhältnisse** ins Zentrum – nicht nur im industriellen Sektor, sondern **in
> der gesamten Arbeitswelt. „Arbeiten 1.0"** bezeichnet die beginnende Industrie-
> gesellschaft vom Ende des 18. Jahrhunderts und die ersten Arbeiterorganisationen.
> **„Arbeiten 2.0"** sind die beginnende Massenproduktion und die Anfänge des
> Wohlfahrtsstaats am Ende des 19. Jahrhunderts. Die Industrialisierung brachte
> damals neue soziale Probleme mit sich, der zunehmende Druck der organisier-
> ten Arbeiterschaft bildete eine wichtige Grundlage für die Einführung der ersten
> Sozialversicherungen im Deutschen Reich. **„Arbeiten 3.0"** umfasst die Zeit der
> Konsolidierung des Sozialstaats und der Arbeitnehmerrechte auf Grundlage der
> sozialen Marktwirtschaft: Arbeitgeber und Arbeitnehmer verhandeln sozialpartner-
> schaftlich auf Augenhöhe miteinander. [...]. **„Arbeiten 4.0" wird vernetzter, digi-
> taler und flexibler sein. Wie die zukünftige Arbeitswelt im Einzelnen aussehen
> wird, ist noch offen**. [Hervorhebungen ergänzt] (BMAS 2016b)

Hierin zeigt sich eine Idee von Arbeit in der Zukunft aus **qualitativer Perspektive.** Hinzu kommt eine mit qualitativen Aspekten verbundene **quantitative Perspektive:** Es ist davon auszugehen, dass sich die Anzahlen an Arbeitsplätzen mit
bestimmten Anforderungen je nach Berufs- und Tätigkeitsfeld verändern werden.
Vorausgeschickt sei der Hinweis, dass hier – wie bei allen prognostischen Überlegungen – Unsicherheiten bestehen. Für den Anteil an Arbeitsplätzen mit dem
Risiko, in einigen Jahrzehnten in heutiger Form nicht mehr benötigt zu werden, zeigen verschiedene Studien – abhängig auch von Erhebungsmethodik und
spezifischen Gegebenheiten in verschiedenen Ländern – Werte auf, die weit aus-
einanderliegen: Diese Werte reichen von deutlich über 40 % bis hin zu 10 % und
darunter (Frey und Osborne 2013; Bonin et al. 2015; Dengler und Matthes 2015;
Arntz et al. 2016). Beispielsweise kommen Dengler und Matthes (2015, S. 12 ff.)
bei großen Streuungen in den Daten je nach Berufssegment (vergleichsweise
hohe Werte insbesondere für Fertigungsberufe und fertigungstechnische Berufe)
zusammengefasst im Ergebnis zu folgenden Substituierbarkeitspotenzialen durch
die Computertechnologie: Helfer und Fachkräfte über 40 %, Spezialisten bei über
30 % und Experten bei etwas unter 20 %.

Wesentlich ist die Feststellung, dass qualitativ und quantitativ nicht geringe Veränderungen vor uns liegen könnten, die mit erhöhten Anforderungen an uns Menschen eingehen. **Insoweit empfiehlt es sich, an der eigenen Qualifizierung und Weiterentwicklung zu arbeiten.** Die Studie von Wolter et al. (2016, S. 62), die bezüglich des Gesamtniveaus der Arbeitsnachfrage im Jahr 2025 eher geringe quantitative Veränderungen aufzeigt, verdeutlicht, dass sich die zwei Arbeitswelten „vollständig digitalisierte Arbeitswelt" vs. Orientierung am „bisherigen Entwicklungspfad" „hinsichtlich ihrer Branchen-, Berufs- und Anforderungsstruktur deutlich unterscheiden". Studien wie beispielsweise die bayme vbm-Studie der Universität Bremen (2016), von Pfeiffer et al. (2016) und von Zinke et al. (2017) geben je nach Kontext weitere Hinweise. Nach einer Studie des Bundesministeriums für Arbeit und Soziales (BMAS 2016c, S. 5) sehen fast „80 Prozent der Beschäftigten [...] aufgrund technologischer Veränderungen die Notwendigkeit, die eigenen Fähigkeiten ständig weiterzuentwickeln". Die nachfolgenden Abschnitte und Kapitel geben einige Hinweise hierfür.

4.2   Vernetzt Lernen

In der Bildung werden vielfältige neue Lehr-/Lernmethoden ausprobiert und eingesetzt, die mit Digitalisierung, Vernetzung und künstlicher Intelligenz verbunden sind. Es gilt beispielsweise, „exzellente und qualitätsgeprüfte Weiterbildungskonzepte für das Ausbildungspersonal zu entwickeln, mit denen das längst noch nicht ausgeschöpfte Potenzial digitaler Medien zielgerichtet aktiviert werden kann" wie es unter BIBB (2016) dem Präsidenten des Bundesinstituts für Berufsbildung, Prof. Dr. Friedrich Hubert Esser, folgend heißt.

Ausgewählte lerntheoretische Hinweise
Mit Beginn des 21. Jahrhunderts kommt eine Lerntheorieströmung auf, die eng mit *Vernetzung* verbunden ist. Den großen Lerntheorien des 20. Jahrhunderts **Behaviorismus, Kognitivismus** und **Konstruktivismus** haften nach Siemens (2005) Einschränkungen an wie, dass 1) Lernen nur in Personen (in Gehirnen) stattfindet, 2) Evaluation des Wertes von Informationen und Fähigkeiten zur Synthetisierung und Erkennung von Verbindungen und Mustern wenig Raum zukommt sowie 3) die technologischen Entwicklungen keine Beachtung finden. Vor diesem Hintergrund stellt Siemens (2005) den **Konnektivismus** zur Diskussion, der wohl nicht flächendeckend als Lerntheorie akzeptiert ist, aber mit Campbell und Schwier (2014, S. 367) durchaus als aufkommende Lerntheorie

des 21. Jahrhunderts gesehen werden kann. Nach Anderson und Dron (2011, S. 80 ff.) folgt die „connectivist pedagogy" als dritte Generation auf die „cognitiv-behaviourist" und die „social constructivist […] pedagogy" auch als eine Grundlage für die nächste (also hier dann 4.) Generation, die sich bezüglich der Befähigung von Menschen, sich mit Wissen zu verbinden und Wissensquellen zu erschließen *(kollektiv) intelligenter* erweisen könnte. Je nach Anwendungsfall können alle diese Lerntheorieströmungen Beiträge zur Beschreibung und Gestaltung von Lernen leisten.

Ausgewählte methodische Hinweise
Wie viele vertreten und wie sich auch bei Deckert (2017, S. 27) findet, sollte bei aller Methoden- und Technologiediskussion für Lernen stets die **Essenz** dessen, was es zu lernen gilt, im Fokus stehen. Hierin kann ein kreativ-experimenteller Einsatz neuer Methoden letztlich Orientierung finden. Dies vorausgeschickt sollen hier folgende Hinweise und Beispiele – insbesondere aus dem Umfeld der HFH · Hamburger Fern-Hochschule – gegeben werden:

- **Game-Based Learning, Serious Games, Educational Games** – Educational Games gehören dem Hochschulforum Digitalisierung (2016, S. 127 f.) folgend zu den auch für Hochschulausbildung bedeutsamen digitalen Medien und lassen sich dem „Formattyp" *interaktive Tools und Formate* zuordnen, der neben den Formattypen *klassische digitalen Medien und Kommunikationstools, soziale Kommunikationstools, elektronische Prüfungssystemen* und *audio-/video-basierte Medien und Tutorials* steht.

> **Beispiel: InnoGames Game Jam zum Thema Serious Games, spielerisches Lernen im Event-Format**
> Spielerisches Lernen kann auch in einem Event-Format erfolgen wie dem Game Jam bei InnoGames, der vom 14.-16. Juli 2017 erstmalig themenbezogen und hierfür in Kooperation mit der HFH · Hamburger Fern-Hochschule stattfand: https://press.innogames.com/ein-wochenende-voller-kreativitat-innogames-game-jam-11-zum-thema-serious-games-erfolgreich-beendet (abgerufen am 02.08.2018).

- **APPs** – Es besteht heute eine Vielfalt an APPs, die für Lernen in ganz verschiedenen Altersstufen Anwendung finden können.

Beispiel: Statistik-APP

Die öffentlich zugängliche und online unter https://www.hfh-fernstudium.de/
statistik-app/ (abgerufen am 02.08.2018) direkt nutzbare Statistik-APP unterstützt das Erlernen von Zusammenhängen aus der Statistik (Mittag 2017a, b).

- **Neue Formate für die Darbietung und Anreicherung textbasierter Lehr-/
  Lernmaterialen** – Im Internetzeitalter ist es gewissermaßen konsequent, textbasierte Lernmaterialen als Internetseiten bereitzustellen und diese beispielsweise durch Videos oder interaktive Elemente wie Multiple-Choice-Aufgaben
  anzureichern.

Beispiel: Textbasierte Lehr-/Lernmaterialien in Form von Internetseiten

Beispiele sind hochschulische Materialen wie zu Economics hier http://www.
core-econ.org/ (abgerufen am 02.08.2018) oder der öffentlich einsehbare digitale
Studienbrief „Digitalisierung und Industrie 4.0" von Deckert und Günther (2018).

Erwähnung finden sollen hier noch MOOC's (Massive Open Online Courses),
über die beispielsweise bei HPI (2018) nachgelesen werden kann. Den ersten
MOOC bot im Jahre 2011 der Stanford-Professor Sebastian Thrun mit breiter
internationaler Resonanz zum Thema Künstliche Intelligenz an. Bereits diese
wenigen Beispiele deuten vielfältige Möglichkeiten für den Einsatz von Technologie und für kooperatives Lernen an, die sich heute bieten. Auch Wissenschaft forscht, lernt und präsentiert sich durch Anwendung neuer methodischer
Möglichkeiten: Zwei Beispiele sind hier *Citizen Science* und *Science Slams,* auf
die hier nicht näher eingegangen werden kann.

▶ **Tipp** Es lohnt sich bei Interesse der Blick in Richtung Hochschulforum
Digitalisierung https://hochschulforumdigitalisierung.de/ und speziell
beispielsweise der 7 Mythen der Digitalisierung nach Horndasch (2016)
hier https://hochschulforumdigitalisierung.de/de/blog/mythen-di-
gitalisierung sowie auf Veröffentlichungen aus Konferenzen wie hier
http://www.gml-2015.de/, hier http://www.gml-2016.de/ und hier
http://www.gml-2017.de/ (jeweils abgerufen am 02.08.2018).

4.3 Kenntnisse, Fertigkeiten und Kompetenzen

Hier werden – die Ausführungen in Abschn. 2.3 fortführend – ausgewählte beispielhafte Hinweise auf Kenntnisse, Fertigkeiten und Kompetenzen (Fähigkeiten) gegeben, die verbunden mit einer zunehmend durch Software, Roboter und künstliche Intelligenz gekennzeichneten Zukunft für den Menschen eine hohe Bedeutung haben können; und zwar über Grundlegendes verbunden beispielsweise mit Lesen, Schreiben und Rechnen, die auch weiterhin sehr wichtig sind, hinaus (Auswahl an Quellen insgesamt vor dem Hintergrund der grundlegenden Einordnung in Kap. 1.):

- **IT- und Medienkompetenz** (BIBB 2016),
- **Informatik** (Lautebach 2018),
- **Fähigkeiten zu Technologie und Daten** (Aoun 2017),
- **Datenanalysekenntnisse** in allen Disziplinen stärken (Schlüter 2018),
- **IT-Sicherheit, Datenschutz** (BIBB 2016),
- Kompetenzen verbunden mit **Social technology** (Scharmer 2018b),
- **Kritisches Denken/Problemlösungsfähigkeiten** (WEF 2015, 2016),
- **kritisches Denken** (Aoun 2017),
- **Kreativität** (Aoun 2017; WEF 2015, 2016; Frey und Osborne 2013),
- **mentale Flexibilität** (Aoun 2017),
- **Kommunikation** (WEF 2015, 2016),
- **Zusammenarbeit** (WEF 2015, 2016),
- **Fähigkeiten verbunden mit dem Menschen in seiner Vielfalt, kulturelle Agilität** (Aoun 2017),
- **Systemdenken** (Aoun 2017),
- **Unternehmerisches Denken und Handeln** (Aoun 2017),
- **Leadership Capacities** (Scharmer 2018b).

> ▶ **Tipp** Die Kultusministerkonferenz hat unter „Bildung in der digitalen Welt" Kompetenzbereiche entwickelt, die hier https://www.kmk. org/fileadmin/Dateien/pdf/PresseUndAktuelles/2017/KMK_Kompetenzen_in_der_digitalen_Welt_-neu_26.07.2017.html (abgerufen am 03.08.2018) im Überblick einzusehen sind. Nach einer Befragung von Unternehmen seitens des Stifterverbandes für die Deutsche Wissenschaft (2016) werden für Hochschulausbildung **überfachliche Kompetenzen** (71 %) wichtiger, wobei spezialisiertes Wissen (54 %), methodische Kompetenzen (43 %) und Grundlagenfachwissen (32 %) folgen.

Allein diese kurze Aufstellung zeigt, dass es in einer vereinfachten Sicht und Struktur um eng mit Technik verbundene und nicht derart eng mit Technik verbundene Anforderungen geht. Forderungen, die **1) eng mit Technik verbunden** sind, reichen bis hin zur Schulausbildung:

> Informatik ist kein Trend und auch keine Modeerscheinung. Informatik ist die Strukturwissenschaft des 21. Jahrhunderts schlechthin und muss in der Schule angemessen gelehrt werden (Lautebach 2018, o. S.).

Die Betrachtung der **2) nicht derart eng mit Technik verbundenen** Seite geht damit einher, **dass wir das, was uns als Menschen verglichen mit künstlicher Intelligenz und Robotern ausmacht, in den Vordergrund stellen.** Gerade dies können wir in eine **strategische Mensch-Maschine-Partnerschaft** (vgl. auch Kap. 1 und Abschn. 2.3) einbringen. Hierzu gehören beispielsweise **Sinngebung** und **Denken vom Großen und Ganzen her** (Davenport 2016) bzw. das „Denken aus einer *Adlerperspektive* heraus" (Deckert und Günther 2018, o. S.). Nach Frey und Osborne (2013, S. 24 ff.) gehört folgendes zu dem, was Menschen heute besser als Computer können: **„Perception and manipulation tasks", „Creative intelligence tasks"** und **„Social intelligence tasks".** Auch mag uns unsere **Neugier** von Robotern unterscheiden, die mit Willcox et al. (2016) hilfreich für Lernen sein kann. In diesem Zusammenhang weisen Willcox et al. (2016, S. 9) neben aktuellen neurowissenschaftlichen Untersuchungen auf „wonder is the beginning of wisdom" von Sokrates hin. Im Zusammenhang mit der Theorie U von Otto Scharmer (2018b) steht Neugier für einen Veränderungen gegenüber offenen Geist und Verstand.

Individuelle Entwicklung und Entfaltung

5

> ▶ **Trailer**
>
> Viele tun es schon und viele würden es gern in erhöhtem Maße tun: Das, was sie gut können, und zugleich – ihrem Herzen folgend – gern tun, tagtäglich aus sich heraus in der Gemeinschaft zu entfalten. Es erscheint hier der Hinweis spannend, dass *Eignung* und *Neigung* aus denselben Buchstaben gebildet werden. Möchte man dies (beruflich) verwirklichen, kann es sich anbieten, sich heute und in Zukunft auf das zu konzentrieren, was Software/Roboter/künstliche Intelligenz nicht oder weniger gut tun können/kann, und sich zugleich aber auch mit den eng mit Technik verbundenen Möglichkeiten zu befassen.
>
> Was wird Ihr Weg sein?

In Zukunft sollte jeder für sich großen Wert auf Klarheit zum eigenen Können und Wollen legen und hierfür – strategisch betrachtet – den gedanklichen Kontext rund um Digitalisierung und Industrie 4.0 nicht zu eng wählen:

- **Große gesellschaftliche Herausforderungen** – Großen gesellschaftlichen Herausforderungen können wir nur gemeinsam wirksam begegnen. Wer aktiv mitwirken möchte, muss sich entscheiden, was er an welcher Stelle einbringt. Hiermit sind für viele individuelle Anforderungen verbunden; und zwar um die Entwicklungen um sich herum (positiv) zu verändern und/oder um sich diesen anzupassen: Es gilt, große gesellschaftliche Herausforderungen bis zu einem gewissen Grade nach Ursachen, Wirkungen und Lösungsansätzen zu verstehen und verbunden hiermit sein eigenes Können und Wollen zur Bewältigung der – mit Mitigation und Adaption (IPCC 2014) verbundenen – Herausforderungen wirkungsvoll in der Gemeinschaft zu entfalten. An der Lösung komplexer realer Probleme wachsen wir für die Zukunft.

© Springer Fachmedien Wiesbaden GmbH, ein Teil von Springer Nature 2019
R. Deckert, *Digitalisierung und Industrie 4.0*, essentials,
https://doi.org/10.1007/978-3-658-23847-6_5

- **Strategische Mensch-Maschine-Partnerschaften** – Es ist ratsam, dass wir das, was Menschen besser als Maschinen können, nicht leichtfertig an Maschinen abgeben. Für strategische Mensch-Maschine-Partnerschaften, die wir aktiv gestalten und nicht allein beliebig entstehen lassen, sollten wir wissen, was wir besonders gut können und was wir wollen. Hierfür können wir ein Stück weit während der konkreten Ausgestaltung von strategischen Mensch-Maschine-Partnerschaften aus Erfahrung lernen, allerdings sollte dies bewusst erfolgen, denn eine unüberlegte Entdeckungsreise hin zu mehr künstlicher Intelligenz kann unliebsame Überraschungen und Risiken bergen.
- **Konnektivismus** – Lernen aus Vernetzung heraus erfordert stets aufs Neue Entscheidungen 1) für und gegen bestimmte *neue Verbindungen* sowie 2) dazu, welche *bestehenden Verbindungen* wir weiter stärken wollen und welche nicht. Dies erfordert persönliche Entscheidungen, die – wie im strategischen Management auch (de Wit und Meyer 2014) – rational und/oder kreativ bzw. intuitiv geprägt sein können. Die Fähigkeit, für sich selber tragfähige Entscheidungen zu treffen bzw. diese Fähigkeit zu fördern, mag für den/die eine/n oder andere/n selbstverständlich sein und für den/die eine/n oder andere/n mag hierhin bereits ein Stück weit persönliche Entfaltung liegen.
- **Vielfaltige Anforderungen und Stärken** – Niemand kann allen eng und weniger eng mit Technik verbundenen Anforderungen gleichermaßen umfassend genügen. Man sollte sich entscheiden, welche Stärken man auf welche Weise wirksam einbringen kann und möchte. Wissen um die eigenen Stärken und äußere Anforderungen helfen zur Orientierung.
- **Aktuelle Diskussion** – Die individuelle Entfaltung und Förderung von Persönlichkeit und Talent wird heute bereits an vielen Stellen bespielweise in Schulen und Zivilgesellschaft diskutiert und – mal mehr und mal weniger konsequent – umgesetzt. In einer vielfältigen, vernetzten Gesellschaft sollte im Grundsatz gelten: Jeder kann etwas besonders gut!

Vor dem Hintergrund, dass **1) große (gesellschaftliche) Herausforderungen gemeinsam bewältigt werden müssen, 2) für einen nicht unwesentlichen Teil an Kompetenzanforderungen ein Miteinander notwendig ist** (vgl. Abschn. 4.3) und **3) Vernetzung in verschiedenen Ausprägungen wesentlich ist** (vgl. Abschn. 2.2 und Abschn. 4.2), wird hier von „individueller Entfaltung" als **persönliche Entfaltung in Gemeinschaft** ausgegangen. Dies wird auch durch folgenden Gedanken untermauert: Nicht allein, sondern **1) verbunden zu sein,** gehört neben **2) Wachstum** zu zwei wesentlichen Erfahrungen, die wir Menschen aus dem Mutterleib auf diese Welt mitbringen (Hüther 2011). Auch folgender Gedanke kann hier hilfreich sein: Wie im kleinen die Nervenzellen im Verbund eines **neuronalen Netzes** wirksam sind oder wie im großen die Bäume und weitere Lebewesen des Waldes Teil eines in der Forschung sogenannten **wood-wide web** sind, sind Menschen Teil eines **vernetzten Großen und Ganzen,** wobei diese Vernetzung heute durch das **World Wide Web** unterstützt wird.

Hintergründe zum wood-wide web
Hier im TED Talk https://www.youtube.com/watch?v=breDQqrkikM (abgerufen am 03.08.2018) erläutert Suzanne Simard Hintergründe zum wood-wide web.

Das folgende Zitat von Otto Scharmer (2014) bekräftigt die Sichtweise von **persönlicher Entfaltung in Gemeinschaft:**

> What's being born is less clear. It's a future that requires us to connect with a deeper level of our humanity, to discover who we really are and who we want to be as a society. How can we build the capacity to sense and actualize a future that we feel is possible, we know is possible, but that isn't quite there yet. (Scharmer 2014, o. S.)

Wie sich entlang der Ausführungen im vorliegenden *essential* zeigt erfahren die Entwicklungen und Gedanken rund um Digitalisierung und Industrie 4.0 eine Einbettung in Überlegungen zu gesellschaftlicher und hiermit verbundener individueller Entwicklung.

Schluss 6

Fazit

Die breit angelegten Entwicklungen rund um Digitalisierung und Industrie 4.0 gehen – verbunden mit großen gesellschaftlichen Herausforderungen – mit der Botschaft an uns einher, dass jeder einzelne sich entsprechend seiner Stärken konsequent hierauf einstellen und entstehende Möglichkeiten nutzen sollte. Durch individuelle Entfaltung kann jeder einmal mehr sich selber auf die Zukunft vorbereiten und zugleich einen wichtigen Dienst an der Gemeinschaft tun.

© Springer Fachmedien Wiesbaden GmbH, ein Teil von Springer Nature 2019

R. Deckert, *Digitalisierung und Industrie 4.0*, essentials,

https://doi.org/10.1007/978-3-658-23847-6_6

Was Sie aus diesem *essential* mitnehmen können

- Komprimierte Strukturen zur Einordnung der Entwicklungen rund um Digitalisierung und Industrie 4.0, ausgewählte gesellschaftliche Herausforderungen, Arbeiten, Lernen sowie eng und weniger eng mit Technik verbundene Anforderungen an uns Menschen
- Argumente für eine stetige individuelle Entfaltung auch in der Gemeinschaft als Teil der Antwort auf die aufgezeigten Entwicklungen und Herausforderungen Vielfältige Anknüpfungspunkte zu weiteren Offline/Online-Literaturquellen

© Springer Fachmedien Wiesbaden GmbH, ein Teil von Springer Nature 2019
R. Deckert, *Digitalisierung und Industrie 4.0,* essentials,
https://doi.org/10.1007/978-3-658-23847-6

Literatur

acatech (Hrsg.). (2015). Smart Service Welt – Umsetzungsempfehlungen für das Zukunfts-projekt Internetbasierte Dienste für die Wirtschaft – Abschlussbericht. Langversion. Arbeitskreis Smart Service Welt. https://www.acatech.de/wp-content/uploads/2015/03/BerichtSmartService2015_mitUmschlag_bf.pdf. Zugegriffen: 30. Juli 2018.

acatech (Hrsg.). (2018). Smart Service Welt 2018 – Wo stehen wir? Wohin gehen wir? http://www.acatech.de/wp-content/uploads/2018/06/SSW_2018.pdf. Zugegriffen: 30. Juli 2018.

Adagazza, G. (2016). Willkommen in der Welt 4.0! https://www.ethz.ch/de/news-und-veranstaltungen/eth-news/news/2016/10/willkommen-in-der-welt-4-0.html. Zugegriffen: 31. Juli 2018.

Anderson, T., & Dron, J. (2011). Three generations of distance education pedagogy. *International Review of Research in Open and Distributed Learning (IRRODL), 12*(3), 80–97.

Aoun, J. E. (2017). *Robot-proof – Higher education in the age of artificial intelligence.* Cambridge: The MIT Press.

Arntz, M., Gregory, T., & Zierahn, U. (2016). *The risk of automation for jobs in OECD countries: A comparative analysis* (OECD Social, Employment and Migration Working Papers, 189). Paris: OECD Publishing. http://dx.doi.org/10.1787/5jlz9h56dvq7-en. Zugegriffen: 2. Aug. 2018.

Ashton, K. (2009). That 'internet of things' thing – In the real world, things matter more than ideas. *RFID Journal.* http://www.rfidjournal.com/articles/view?4986. Zugegriffen: 30. Juli 2018.

Balakrishnan, H. (2012a). Lecture 23: A brief history of the internet. Introduction to EECS II: Digital Communication Systems. Fall 2012. MITOPENCOURSEWARE, https://ocw.mit.edu/courses/electrical-engineering-and-computer-science/6-02-introduction-to-eecs-ii-digital-communication-systems-fall-2012/lecture-videos/lecture-23-a-brief-history-of-the-internet/. Zugegriffen: 1. Juli. 2018.

Balakrishnan, H. (2012b). Lecture 23: History of the Internet cont'd, Course Summary. Introduction to EECS II: Digital Communication Systems. Fall 2012. MITOPENCOURSEWARE. https://ocw.mit.edu/courses/electrical-engineering-and-computer-science/6-02-introduction-to-eecs-ii-digital-communication-systems-fall-2012/lecture-videos/lecture-24-history-of-the-internet-contd-course-summary/. Zugegriffen: 1. Juli 2018.

© Springer Fachmedien Wiesbaden GmbH, ein Teil von Springer Nature 2019   39
R. Deckert, *Digitalisierung und Industrie 4.0,* essentials,
https://doi.org/10.1007/978-3-658-23847-6

Bauer, W., Schlund, S., Marrenbach, D., & Ganschar, O. (2014). Industrie 4.0 – Volks-wirtschaftliches Potenzial für Deutschland – Studie. Hrsg.: BITKOM, Das Fraunhofer-Institut für Arbeitswirtschaft und Organisation IAO. https://www.ipa.fraunhofer.de/content/dam/ipa/de/documents/UeberUns/Leitthemen/Industrie40/Studie_Vokswirt-schaftliches_Potenzial.pdf. Zugegriffen: 30. Juli 2018.

Bendel, O. (2018). Industrie 4.0. Gabler Wirtschaftslexikon. https://wirtschaftslexikon.gab-ler.de/definition/industrie-40-54032/version-277087. Zugegriffen: 30. Juli 2018.

Bonin, H., Gregory, T., & Zierahn, U. (2015). Übertragung der Studie von Frey/Osborne (2013) auf Deutschland, Mannheim. ENDBERICHT. Kurzexpertise 57 an das Bundes-ministerium für Arbeit und Soziales. ZEW – Zentrum für Europäische Wirtschaftsfor-schung. ftp://ftp.zew.de/pub/zew-docs/gutachten/Kurzexpertise_BMAS_ZEW2015.pdf. Zugegriffen: 2. Aug. 2018.

Bostrom, N. (2014). *Superintelligence – Paths, dangers, strategies*. Oxford: University Press.

Broussard, M. (2018). *Artificial unintelligence – How computers misunderstand the world*. Cambridge: The MIT Press.

Brynjolfsson, E., & McAfee, A. (2017). The business of artificial intelligence, What it can – and cannot – do for your organization. Harvard Business Review. https://hbr.org/cover-story/2017/07/the-business-of-artificial-intelligence. Zugegriffen: 1. Juli. 2018.

Bundesinstitut für Berufsbildung (BIBB) (Hrsg.). (2016). „Wirtschaft 4.0 braucht Bildung 4.0" – Medienkompetenz von Ausbildungspersonal und Auszubildenden stärken. Pres-semitteilung 48/2016. https://www.bibb.de/de/pressemitteilung_54914.php. Zugegriffen: 2. Aug. 2018.

Bundesministerium für Arbeit und Soziales (BMAS) (Hrsg.). (2016a). Weißbuch Arbeiten 4.0 – Diskussionsentwurf. Zusammenfassung der Ergebnisse. http://www.arbeitenvier-null.de/dialogprozess/weissbuch/zusammenfassung-der-ergebnisse.html. Zugegriffen: 31. Juli 2018.

Bundesministerium für Arbeit und Soziales (BMAS) (Hrsg.) (2016b). Weißbuch Arbei-ten 4.0 – Diskussionsentwurf. Glossar. http://www.arbeitenviernull.de/glossar.html. Zugegriffen: 2. Aug. 2018.

Bundesministerium für Arbeit und Soziales (BMAS) (Hrsg.). (2016c). Monitor – Digitalisie-rung am Arbeitsplatz. Aktuelle Ergebnisse einer Betriebs- und Beschäftigtenbefragung. http://www.bmas.de/SharedDocs/Downloads/DE/PDF-Publikationen/a875-monitor-digi-talisierung-am-arbeitsplatz.pdf?__blob=publicationFile&v=2. Zugegriffen: 2. Aug. 2018.

Bundesministerium für Bildung und Forschung (BMBF) (Hrsg.). (2013). Zukunftsbild „Industrie 4.0" – Hightech-Strategie. https://www.bmbf.de/pub/Zukunftsbild_Indust-rie_4.0.pdf. Zugegriffen: 30. Juli 2018.

Campbell, K., & Schwier, R. A. (2014). Major movements in instructional design. In O. Zawacki-Richter & T. Anderson (Hrsg.), *Online Distance Education* (S. 345–380). Athabasca University: AU Press. http://www.aupress.ca/books/120233/ebook/13_Zawacki-Richter_Anderson_2014-Online_Distance_Education.pdf. Zugegriffen: 28. Sep. 2018.

Carnegie Mellon University (Hrsg.). (2005). CMU SCS coke machine. https://www.cs.cmu.edu/~coke/. Zugegriffen: 30. Juli 2018.

Davenport, T. H. (2016). Rise of the strategy machines. MIT Sloan Management Review. Special Collection. Fall 2016 (S. 22–23). http://marketing.mitsmr.com/offers/FR2016/MITSMR-Frontiers-collection.pdf. Zugegriffen: 1. Juli 2018.

Deckert, R. (2016). Industrie 4.0 – was tun, um nicht zwischen die Räder zu kommen? … oder: verbunden, verbundener, am verb… https://www.bildung-beruf-studium.de/industrie-4-0/. Zugegriffen: 3. Aug. 2018.

Deckert, R. (2017). Lernen & Arbeiten im 21. Jahrhundert. Vortrag zur Nacht des Wissens am 4. November 2017 in Hamburg. https://sinnwissen.files.wordpress.com/2017/10/vortrag_wissen_und_arbeiten_im_21_jhrdt_rd_v03.pdf. Zugegriffen: 2. Aug. 2018.

Deckert, R., & Günther, A. (2018). Digitalisierung und Industrie 4.0 – Eine Einführung zu ausgewählten neueren Entwicklungen in Wirtschaft und Gesellschaft. Digitaler HTML5-Studienbrief. HFH · Hamburger Fern-Hochschule. http://digitale-skripte.hfh-fernstudium.de/GBW/GBW005.html. Zugegriffen: 30. Juli 2018.

Deckert, R., & Langer, A. (2018). Digitalisierung und Technisierung sozialer Dienstleistungen. In A. Langer & K. Grundwald (Hrsg.), *Sozialwirtschaft – Handbuch für Wissenschaft und Praxis* (S. 872–889). Baden-Baden: Nomos.

Deckert, R., Günther, A., & Metz. M. (2018). *Die Big Five der Flexibilität im (Fern-)Studium: Zeit, Ort, Inhalt, Methode und Struktur. Ein Beitrag zur Systematisierung.* Diskussionsbeiträge Fachbereich Technik, HFH · Hamburger Fern-Hochschule, Nr. 2/2018. http://digitale-skripte.hfh-fernstudium.de/diskussionsbeitraege/html/T-18-02/T-18-02.html. Zugegriffen: 2. Aug. 2018.

Dengler, K., & Matthes, B. (2015). Folgen der Digitalisierung für die Arbeitswelt, IAB-Forschungsbericht 11/2015. http://doku.iab.de/forschungsbericht/2015/fb1115.pdf. Zugegriffen: 2. Aug. 2018.

De Wit, B., & Meyer, R. (2014). *Strategy – An international perspective* (5. Aufl.). Singapore: Seng Lee Press.

Dodds, P. S., Muhamad, R., & Watts, D. J. (2003). An experimental study of search in global social networks. *Science, 301*(5634), 827–829.

Forschungsunion Wirtschaft und Wissenschaft (Hrsg.). (2013). Perspektivenpapier der Forschungsunion – Wohlstand durch Forschung – Vor welchen Aufgaben steht Deutschland? https://www.fraunhofer.de/content/dam/zv/de/publikationen/Studien/Perspektivenpapier_der_Forschungsunion_2013.pdf. Zugegriffen: 30. Juli 2018.

Frey, C. B., & Osborne, M. A. (2013). The future of employment: How susceptible are jobs to computerization? University of Oxford. http://www.oxfordmartin.ox.ac.uk/downloads/academic/The_Future_of_Employment.pdf. Zugegriffen: 30. Juli 2018.

Gabsch, P. (2018). Sicherheit – Cyber Security. In R. Deckert & A. Günther (Hrsg.), Digitalisierung und Industrie 4.0 – Eine Einführung zu ausgewählten neueren Entwicklungen in Wirtschaft und Gesellschaft. Digitaler HTML5-Studienbrief. HFH · Hamburger Fern-Hochschule. http://digitale-skripte.hfh-fernstudium.de/GBW/GBW005.html. Zugegriffen: 1. Juli 2018.

Hasso-Plattner-Institut (HPI). (2018). Mehr über Massive Open Online Courses (MOOCs). https://open.hpi.de/pages/mooc?locale=de. Zugegriffen: 2. Aug. 2018.

Hellige, H. D. (2003). Technikprognosen und Technikentwicklung in der Kommunikations- und Informationstechnik: Ein Rückblick auf die letzten 50 Jahre. Vortrag bei der Tagung der Informationstechnischen Gesellschaft des VDE und der Alcatel-Stiftung. https://www.uni-bremen.de/fileadmin/user_upload/sites/artec/Publikationen/Mitglieder/Hellige_2003_Technikprognosen-ITG-Vortrag.pdf. Zugegriffen: 1. Juli 2018.

Hochschulforum Digitalisierung. (2016). *The Digital Turn – Hochschulbildung im digitalen Zeitalter. Arbeitspapier Nr. 27*. Berlin: Hochschulforum Digitalisierung. https://hochschulforumdigitalisierung.de/sites/default/files/dateien/Abschlussbericht.pdf. Zugegriffen: 2. Aug. 2018.

Hohnhaus, J. (2015). Zitat zur Industrie 4.0. In S. Nördinger (Hrsg.), *Umfrage: So definieren Industrievertreter Industrie 4.0*. https://www.produktion.de/veranstaltungen/fachkongress-industrie-4-0/umfrage-so-definieren-industrievertreter-industrie-4-0.html. Zugegriffen: 30. Juli 2018.

Horndasch, S. (2016). 7 MYTHEN DER DIGITALISIERUNG. Hochschulforum Digitalisierung. Blog. https://hochschulforumdigitalisierung.de/de/blog/mythen-digitalisierung. Zugegriffen: 2. Aug. 2018.

Hüther, G. (2011). Könnten wir anders sein – Ist eine mentale Umprägung möglich? Vortrag. Zweite Konferenz des Denkwerks Zukunft „Weichen stellen. Wege zu zukunftsfähigen Lebensweisen". http://www.denkwerkzukunft.de/konferenz/2011/huether/. Zugegriffen: 3. Aug. 2018.

Initiative D21. (2018). D21 Digital Index 2017/2018 – Jährliches Lagebild zur Digitalen Gesellschaft, Studie der Initiative D21 durchgeführt von Kantar TNS. https://initiatived21.de/app/uploads/2018/01/d21-digital-index_2017_2018.pdf. Zugegriffen: 30. Juli 2018.

IPCC. (2014). Klimaänderung 2014: Synthesebericht. Beitrag der Arbeitsgruppen I, II und III zum Fünften Sachstandsbericht des Zwischenstaatlichen Ausschusses für Klimaänderungen (IPCC) [Hauptautoren, R.K. Pachauri und L.A. Meyer (Hrsg.)]. Genf: IPCC. Deutsche Übersetzung durch Deutsche IPCC-Koordinierungsstelle, Bonn, 2016. http://www.de-ipcc.de/media/content/IPCC-AR5_SYR_barrierefrei.pdf. Zugegriffen: 1. Juli 2018.

Kagermann, H., Lukas, W.-D., & Wahlster, W. (2011). Industrie 4.0: Mit dem Internet der Dinge auf dem Weg zur 4. industriellen Revolution. VDI-Nachrichten. April 2011. http://www.vdi-nachrichten.com/Technik-Gesellschaft/Industrie-40-Mit-Internet-Dinge-Weg-4-industriellen-Revolution. Zugegriffen: 1. Juli 2018.

Kagermann, H., Wahlster, W., & Helbig, J. (Hrsg.) (2013). Umsetzungsempfehlungen für das Zukunftsprojekt Industrie 4.0: Deutschlands Zukunft als Produktionsstandort sichern. Abschlussbericht des Arbeitskreises Industrie 4.0. Berlin; Frankfurt, Main. https://www.bmbf.de/files/Umsetzungsempfehlungen_Industrie4_0.pdf. Zugegriffen: 30. Juli 2018.

Kane, G. C., Palmer, D., Phillips, A. G., Kiron, D., & Buckle, N. (2015). *Strategy, not technology, drives digital transformation – becoming a digitally mature enterprise*. MIT Sloan Management Review. Research Report. In Collaboration with Deloitte University Press. Summer 2015.

Katzenbach, C. (2018). Die Regeln digitaler Kommunikation – Governance zwischen Norm, Diskurs und Technik. In A. Hepp, F. Krotz, W. Vogelsang, & M. Hartmann (Hrsg.), *Reihe „Medien · Kultur · Kommunikation"*. Wiesbaden: Springer.

Klaiber, M. (2015). Zitat zur Industrie 4.0. In S. Nördinger (Hrsg.), *Umfrage: So definieren Industrievertreter Industrie 4.0*. https://www.produktion.de/veranstaltungen/fachkongress-industrie-4-0/umfrage-so-definieren-industrievertreter-industrie-4-0.html. Zugegriffen: 30. Juli 2018.

Klostermann, J. (2017). Entwicklung und Konstruktion einer Montagevorrichtung für einen speziellen Arbeitsprozess in einer Werkstatt für Menschen mit Behinderung. Bachelorarbeit. HFH · Hamburger Fern-Hochschule. unveröffentlicht.

Lange, G. (2018). 100 Jahre DAA-Technikum – Techniker werden mit Fernunterricht. Rudolf Helfrich, DAA-Stiftung Bildund und Beruf (Hrsg.). Hamburg: b + r Verlag.

Lange, S., & Santarius, T. (2018). *Smarte Grüne Welt? – Digitalisierung zwischen Überwachung, Konsum und Nachhaltigkeit.* München: oekom.

Lautebach, U. (2018). Für mehr Durchblick in der Informatik. Merton. Onlinemagazin des Stifterverbandes. https://merton-magazin.de/fuer-mehr-durchblick-der-informatik. Zugegriffen: 3. Aug. 2018.

Lübbecke, M. (2015). Industrie 5.0. https://mluebbecke.wordpress.com/2015/12/16/industrie-5-0/. Zugegriffen: 1. Juli 2018.

Ludwig, T. (2015). Citizen Science – Big Data und Natürliche Intelligenz. Vortrag am 10.10.2015. Vorveranstaltung zum Ball der Universität Hamburg 2015.

Luhmann, N. (1968) *Zweckbegriff und Systemrationalität – Über die Funktionen von Zwecken in sozialen Systemen.* Tübingen: J.C.B. Mohr (Paul Siebeck).

Meudt, T., Pohl, M., & Metternich, J. (2017). Die Automatisierungspyramide – Ein Literaturüberblick. http://tuprints.ulb.tu-darmstadt.de/6298/1/2017%20-%20Die%20Automatisierungspyramide%20-%20Ein%20Literatur%C3%BCberblick-2.pdf. Zugegriffen: 30. Juli 2018.

Mittag, H.-J. (2017a). Interaktive Visualisierung statistischer Konzepte und gesellschaftsrelevanter Daten im Statistikunterricht. *Mathematik im Unterricht, 2017*(8), 173–180.

Mittag, H.-J. (2017b). Statistische Methoden und statistische Daten – interaktiv. mathematik lehren, 203, S. 46.

Molka, H.-J. (2015). Zitat zur Industrie 4.0. In S. Nördinger (Hrsg.), Umfrage: So definieren Industrievertreter Industrie 4.0. https://www.produktion.de/veranstaltungen/fachkongress-industrie-4-0/umfrage-so-definieren-industrievertreter-industrie-4-0.html. Zugegriffen: 30. Juli 2018.

Nachhaltigkeitsrat. (2017). Leben 4.0 fordert Gesellschaft und Politik heraus. https://www.nachhaltigkeitsrat.de/aktuelles/leben-4-0-fordert-gesellschaft-und-politik-heraus/. Zugegriffen: 31. Juli 2018.

Nicolai, A. T., & Schuster, C. L. (2018). Digitale Transformation. *WiSt – Wirtschaftswissenschaftliches Studium – Zeitschrift für Studium und Forschung, 18*(1), 15–21.

Nördinger, S. (2015). Umfrage: So definieren Industrievertreter Industrie 4.0. https://www.produktion.de/veranstaltungen/fachkongress-industrie-4-0/umfrage-so-definieren-industrievertreter-industrie-4-0.html. Zugegriffen: 1. Juli 2018.

OECD. (2018). Wireless mobile broadband subscriptions (indicator). https://data.oecd.org/broadband/wireless-mobile-broadband-subscriptions.htm. Zugegriffen: 30. Juli 2018.

Pfeiffer, S., Lee, H., Zirnig, C., & Suphan, A. (2016). Industrie 4.0 – Qualifizierung 2015. VDMA. https://arbeitsmarkt.vdma.org/documents/7974667/7986911/VDMA-Studie%20Qualifizierung%202025/f88fce03-d94e-46cb-a60f-54329236b2b7. Zugegriffen: 2. Aug. 2018.

Rometty, G. (2016). Digital today, cognitive tomorrow. MIT Sloan Management Review. Special Collection. Fall 2016 (S. 21–22). http://marketing.mitsmr.com/offers/FR2016/MITSMR-Frontiers-collection.pdf. Zugegriffen: 2. Aug. 2018.

Schäfer, W. (2015). Zitat zur Industrie 4.0. In S. Nördinger (Hrsg.), *Umfrage: So definieren Industrievertreter Industrie 4.0.* https://www.produktion.de/veranstaltungen/fachkongress-industrie-4-0/umfrage-so-definieren-industrievertreter-industrie-4-0.html. Zugegriffen: 30. Juli 2018.

Scharmer, O. (2014). U.Lab: Transforming business, society, and self | MITx on edX | About Video. https://www.youtube.com/watch?v=gF8wV9OlUHc. Zugegriffen: 1. Juli 2018.

Scharmer, O. (2015). U.Lab: Seven Principles for Revolutionizing Higher Ed. Huffpost. https://www.huffingtonpost.com/otto-scharmer/ulab-seven-principles-for_b_6697584.html#.. Zugegriffen: 2. Aug. 2018.

Scharmer, O. (2018a). Education is the kindling of a flame: How to reinvent the 21st-century university. Huffpost. https://www.huffingtonpost.com/entry/education-is-the-kindling-of-a-flame-how-to-reinvent_us_5a4ffec5e4b0ee59d41c0a9f. Zugegriffen: 1. Juli 2018.

Scharmer, O. (2018b). *The essentials of theory U – Core principles and applications.* Oakland: Berrett-Koehler.

Schlüter, A. (2018). Datenliteraten braucht das Land. Merton. Onlinemagazin des Stifterverbandes. https://merton-magazin.de/datenliteraten-braucht-das-land. Zugegriffen: 3. Aug. 2018.

Schulemann, F. (2015). Zitat zur Industrie 4.0. In S. Nördinger (Hrsg.), Umfrage: So definieren Industrievertreter Industrie 4.0. https://www.produktion.de/veranstaltungen/fachkongress-industrie-4-0/umfrage-so-definieren-industrievertreter-industrie-4-0.html. Zugegriffen: 30. Juli 2018.

Shannon, C. E. (1948). A mathematical theory of communication. Reprinted with corrections from The Bell System Technical Journal 27, July, October, 379–423, 623–656. http://math.harvard.edu/~ctm/home/text/others/shannon/entropy/entropy.pdf. Zugegriffen: 30. Juli 2018.

Siemens, G. (2005). Connectivism: A learning theory for the digital age. *International Journal of Instructional Technology and Distance Learning* 2(1). http://www.itdl.org/journal/jan_05/article01.htm. Zugegriffen: 5. Juli 2018.

Spice, B. (2017). Carnegie Mellon Artificial Intelligence Beats Top Poker Pros – Historic win at Rivers Casino is first against best human players. www.cmu.edu/news/stories/archives/2017/january/AI-beats-poker-pros.html. Zugegriffen: 30. Juli 2018.

Stifterverband für die Deutsche Wissenschaft (Hrsg.). (2016). Hochschulbildung für die Arbeitswelt 4.0, Hochschulbildungsreport 2020. Jahresbericht 2016, in Kooperation mit McKinsey & Company. http://www.stifterverband.org/download/file/fid/1720. Zugegriffen: 3. Aug. 2018.

Sträb, M. (2015). Zitat zur Industrie 4.0. In S. Nördinger (Hrsg.), *Umfrage: So definieren Industrievertreter Industrie 4.0.* https://www.produktion.de/veranstaltungen/fachkongress-industrie-4-0/umfrage-so-definieren-industrievertreter-industrie-4-0.html. Zugegriffen: 30. Juli 2018.

Travers, J., & Milgram, S. (1969). An experimental study of the small world problem. *Sociometry 32*(4), 425–443. https://snap.stanford.edu/class/cs224w-readings/travers69smallworld.pdf. Zugegriffen: 1. Juli 2018.

Universität Bremen. (2016). Industrie 4.0 – Auswirkungen auf Aus- und Weiterbildung in der M+E Industrie. Eine bayme vbm Studie erstellt von der Universität Bremen. bayme vbm Die bayerischen Metall- und Elektroarbeitgeber. https://www.baymevbm.de/Redaktion/Frei-zugaengliche-Medien/Abteilungen-GS/Bildung/2016/Downloads/baymevbm_Studie_Industrie-4-0.pdf. Zugegriffen: 2. Aug. 2018.

VDI/VDE-Gesellschaft Mess- und Automatisierungstechnik (GMA). (2013). Cyber-Physical-Systems: Chancen und Nutzen aus Sicht der Automation. https://www.vdi.de/uploads/media/Stellungnahme_Cyber-Physical_Systems.pdf. Zugegriffen: 30. Juli 2018.

Wahlster, W. (2017). Künstliche Intelligenz für den Menschen: Digitalisierung mit Verstand. http://www.uni-mainz.de/downloads_presse/freunde_stiftungsprofessur2017_expose.pdf. Zugegriffen: 30. Juli 2018.

WBGU – Wissenschaftlicher Beirat der Bundesregierung Globale Umweltveränderungen. (2018). Digitalisierung: Worüber wir jetzt reden müssen. https://www.wbgu.de/fileadmin/user_upload/wbgu.de/templates/dateien/veroeffentlichungen/weitere/digitalisierung.pdf. Zugegriffen: 1. Juli 2018.

Willcox, K. E., Sarma., S., & Lippel, P. H. (2016). Online education: A catalyst for higher education reforms. MIT Massachusetts Institute of Technology Online Education Policy Initiative. Final Report. https://oepi.mit.edu/files/2016/09/MIT-Online-Education-Policy-Initiative-April-2016.pdf. Zugegriffen: 3. Aug. 2018.

Winston, A. S. (2016). Tackling the world's challenges with technology. MIT Sloan Management Review. Special Collection. Fall 2016 (S. 19–20). http://marketing.mitsmr.com/offers/FR2016/MITSMR-Frontiers-collection.pdf. Zugegriffen: 1. Juli 2018.

Wissenschaftsrat. (Hrsg.). (2015). Zum wissenschaftspolitischen Diskurs über große gesellschaftliche Herausforderungen – Positionspapier. Drs. 4594–15. Verabschiedet in Stuttgart, April 2015. https://www.wissenschaftsrat.de/download/archiv/4594-15.pdf. Zugegriffen: 1. Juli 2018.

Wissenschaftsrat. (Hrsg.). (2018). Perspektiven der Psychologie in Deutschland. Drs. 6825–18. Köln, Januar 2018. https://www.wissenschaftsrat.de/download/archiv/6825-18.pdf. Zugegriffen: 1. Juli 2018.

Wolter, M. I. et al. (2016). Wirtschaft 4.0 und die Folgen für Arbeitsmarkt und Ökonomie – Szenario-Rechnungen im Rahmen der BIBB-IABQualifikations- und Berufsfeldprojektionen. IAB-Forschungsbericht, No. 13/2016. https://www.econstor.eu/bitstream/10419/149617/1/872584372.pdf. Zugegriffen: 31. Juli 2018.

World Economic Forum (WEF). (2015). New vision for education: Unlocking the potential of technology. Prepared in collaboration with The Boston Consulting Group. http://www3.weforum.org/docs/WEFUSA_NewVisionforEducation_Report2015.pdf. Zugegriffen: 3. Aug. 2018.

World Economic Forum (WEF). (2016). New vision for education: Fostering social and emotional learning through technology. Prepared in collaboration with The Boston Consulting Group. http://www3.weforum.org/docs/WEF_New_Vision_for_Education.pdf. Zugegriffen: 3. Aug. 2018.

Zinke, G., Renger, P., Feirer, S., & Padur, T. (2017). Berufsausbildung und Digitalisierung – ein Beispiel aus der Automobilindustrie. Bundesinstitut für Berufsbildung. Wissenschaftliche Diskussionspapiere. Heft 186. https://www.bibb.de/veroeffentlichungen/de/publication/download/8329. Zugegriffen: 2. Aug. 2018.

Zuse, H. (2018). Konrad Zuse's Homepage. http://www.horst-zuse.homepage.t-online.de/konrad-zuse.html. Zugegriffen: 30. Juli 2018.